Heike Führ wurde 1962 in Mainz geboren, ist verheiratet und hat 2 erwachsene Kinder.

Sie setzt sich mit dem Thema „Multiple Sklerose" auseinander und führt zur Information darüber eine Webseite - seit 1994 ist sie selbst an MS erkrankt.

Im Frühjahr 2014 ist ihr 1. MS-Buch im Rosengarten-Verlag erschienen.
Sie schreibt für den Rosengarten-Verlag (Angelika Schweizer) und viele interessante, relevante und auch aktuelle Themen Presse - und sie ist auch in vielen anderen Medien journalistisch unterwegs.

Führ ist eine ausgebildete Erzieherin mit vielen pädagogischen und psychologischen Fort- und Weiterbildungen.
Sie belegte auch mehrere Kurse für „Yoga mit Kindern".
Weitere Bücher von der Autorin findet man auf ihrer Webseite!

http://multiple-arts.com/
http://heikef.jimdo.com

TOP SECRET

TOP SECRET

Pressemitteilung: © 2014 Jutta Schütz

Lebensnah, spannend, lehrreich und auch sehr ehrlich, präsentiert sich das MS-Buch „Hallo MS" vom Rosengarten-Verlag. Multiple Sklerose (MS), auch als Encephalomyelitis disseminata bezeichnet, ist eine der häufigsten Autoimmunerkrankungen des Gehirns und des Rückenmarks. Es ist eine chronische Erkrankung des Immunsystems.

Encepahlitis disseminata (ED) ist eine andere Bezeichnung für die Multiple Sklerose (MS).

Das Buch „Hallo MS" (Autorin Heike Führ) zeigt das Leben am Abgrund. Es ist ein Leben mit Höhen und Tiefen, die Angst steht immer Raum. Was es heißt, mit dieser Krankheit zu leben, beschreibt Heike Führ in ihrem Buch sehr einfühlsam und auch mit Worten, die jeder NICHT-Kranke sofort begreift.

Das Leben mit der Krankheit der 1000 Gesichter bedeutet jeden Tag eine Herausforderung.

Es ist wie ein Tanz auf dem Drahtseil, wer fällt, hat verloren.

Mit einer Portion Humor und Selbstironie erzählt die Autorin die Geschichte ihres MS-Kampfes, wie sie lernte, damit zu leben und es schafft, trotz dieser tückischen Krankheit auf ihre eigene Kraft zu vertrauen. Die Autorin sagt von sich selbst: „Das Leben ist einfach zu schön, um aufzugeben und den Kopf in den Sand zu stecken."

In einer außergewöhnlichen Pressemeldung, macht Führ darauf aufmerksam, dass es sich immer lohnt zu kämpfen.

Buchdaten:

Hallo MS – Das tägliche Wechselbad der Gefühle: Geschichten und Erlebnisse mit der Krankheit

Autorin: Heike Führ

Verlag: A.S. Rosengarten-Verlag

ISBN: 978-3-9450-1507-0

© 2014 Autor: Heike Führ (1. Auflage)
Webseite: http://multiple-arts.com/
E-Mail: heike@multiple-arts.com

© 2014 Herstellung und Verlag:
BoD – Books on Demand, Norderstedt

© 2014 Fotos Ingrid Fey

© 2014 Textsatz, Layout &Coverdesign: Jutta Schütz
Webseite: http://www.jutta-schuetz-autorin.de/
E-Mail: info.jschuetz@googlemail.com

ISBN: 978-3-7357-9399-7

Bibliografische Information der Deutschen Nationalbibliothek:
Die Deutsche Nationalbibliothek verzeichnet diese Publikation in der Deutschen Nationalbibliografie; detaillierte bibliografische Daten sind im Internet über http://dnb.d-nb.de abrufbar.

Heike Führ

SEXUALITÄT

Positive Tipps bei chronischer Erkrankung

Intimität ist mehr als Sex

Inhaltsverzeichnis

Intimität ist mehr als Sex

Das Nervensystem spielt eine wichtige Rolle bei der Sexualität. Erotische Sinneseindrücke (z. B. Berührungen, visuelle Reize und Gerüche) werden an das Gehirn übermittelt und dort in Signale an die Geschlechtsorgane umgesetzt.

Es ist daher unmittelbar einsichtig, dass eine Beeinträchtigung der Nervenleitung, wie bei MS-Erkrankten, deshalb auch eine direkte Auswirkung auf die Sexualität hat.

VORWORT/EINFÜHRUNG

Sexualität: ein gewohntes Wort und doch auch immer noch ein teilweise tabu-behaftetes Wort.

Warum ist das so? Fangen wir vorne an: „Sexualität" leitet sich aus dem spätlateinischen Wort „sexus" ab, das grob einfach nur „Geschlechtlichkeit" bedeutet.

Sexualität bedeutet in der biologischen Bedeutung die Gegebenheit von zwei Lebewesen derselben Art, die nur jeweils zusammen mit dem anderen Geschlecht zur Fortpflanzung fähig sind.

Im soziologischen Bereich geht es um das geschlechtliche Verhalten zwischen Geschlechtspartnern und auch um das Sozialgefüge.

Außerdem bezeichnet Sexualität die Zusammengehörigkeit, oder auch das Resultat, von (in unserem Fall) menschlichen Verhaltensweisen, Empfindungen und Interaktionen.

Zwischenmenschliche Sexualität wird überall auf der Welt als Zuneigung und bestenfalls als Liebe zwischen den Sexualpartnern angesehen und gepriesen. Sicherlich ist heute Sex auch ohne Liebe möglich und für Viele auch der einzige Weg, aber in bestehenden Beziehungen gehört sexuelle Aktivität auch immer als Verbindungsmittel dazu, um Nähe und Intimität zu schaffen und zu halten.

In diesem Büchlein beschreibe ich keine sexuellen Praktiken und gebe auch keine diesbezüglichen Vorschläge. Es geht mir darum, dass sich der Leser (eventuell auch mit seinem Partner) das Thema Sexualität in Bezug auf die MS vertrauter macht und sich des Themas überhaupt annimmt. Und vielleicht können beide Partner so mehr Verständnis füreinander aufbringen. Außerdem könnte es helfen, neue Einsichten zu gewinnen, die dem jeweiligen Paar in ihrer jeweiligen Situation deren weitere Sexualität erleichtern können.

Im besten Fall existiert zwischen den Sexual-Partnern ein vertrauensvolles und offenes Verhältnis, gepaart mit Liebe und Geborgenheit. Unter diesen Umständen, gewürzt mit einer Prise Humor und Verständnis, kann sich eine wundervolle Sexualität entfalten. Geborgenheit spielt hierbei die Hauptrolle und Respekt und Anerkennung sind die Basis einer solchen Beziehung, die unter diesen Umständen dann auch sicher eine auf Dauer angelegte Beziehung darstellt.

Viele Menschen wünschen sich aber keine feste Partnerschaft, sondern möchten zwischen wechselnden Sexual-Partnern auswählen können. Wobei natürlich selbst bei einem One-Night-Stand eine kleine Menge an Vertrauen nicht schadet.

Egal, wie sich Jemand entscheidet, er wünscht sich vermutlich eine erfüllende Sexualität. Was für den jeweiligen Menschen erfüllend ist, wird individuell sehr unterschiedlich sein.

Ob der jeweilige Sexual-Partner diese Wünsche erfüllen kann, erfüllen möchte und rein praktisch gesehen erfüllt, ist sicherlich fraglich. Oft ergibt es sich im Laufe der Partnerschaften automatisch, dass man einen guten gemeinsamen Weg findet. In anderen Beziehungen wird offen über die Wünsche und Erwartungen gesprochen und wiederum noch andere Beziehungen scheitern, weil die Sexualität der beiden Partner sich nicht anzunähern vermag.

Jeder Leser, der nun diese Zeilen liest, wird in diesem Bereich seine eigenen Erfahrungen gemacht haben. Es werden nicht nur gute Erlebnisse, sondern auch schlechte und traurige Erfahrungen dabei sein.

Die Gratwanderung zwischen Wünsche äußern, Zurückstecken und Missbrauch ist heikel und in vielen Partnerschaften ein Balanceakt.

Glücklich kann man sich schätzen, wenn man eine gesunde Sexualität erleben durfte und darf und vor allem niemals zu irgendwelchen Praktiken gezwungen wurde.

Ich selbst leide seit 1994 an Multipler Sklerose (MS), auch „Encephalomyelitis disseminata" (ED) bezeichnet. Dies ist eine "chronische entzündliche Entmarkungs-Erkrankung des zentralen Nervensystems", deren Ursache trotz großer Forschungsanstrengungen leider immer noch nicht geklärt ist. MS ist eine der häufigsten neurologischen Erkrankungen, die statistisch gesehen im Alter zwischen 20 und 40 Jahren auftritt. In Deutschland leiden zirka 130.00 Menschen unter MS.

Bei allen Betroffenen, besonders aber bei jungen Erwachsenen, ist diese Erkrankung von erheblicher sozial-medizinischer Bedeutung. Sie hat nämlich nicht nur große Auswirkungen auf die körperliche Symptomatik und die daraus resultierenden Beeinträchtigungen, sondern auch auf psycho-soziale Faktoren. Dies sind beispielsweise MS-bedingte Verluste des Freundeskreises, des Partners und des Jobs. Oft spielen diese Faktoren sogar eine verhältnismäßig größere Rolle und müssen deutlich mehr Beachtung in unserer Gesellschaft finden.

Dieses Buch nun unterscheidet sich von meinen bisherigen Veröffentlichungen; es ist anders, als das, was man von mir kennt. In meinen anderen Büchern und auch auf meiner Homepage und der Facebook Seite, veröffentliche ich Texte und Geschichten, die mit meiner Form der MS zu tun haben. Ich berichte immer authentisch von mir und meinen Empfindungen, die sich aber größtenteils mit denen anderer decken.

Mit diesem Buch beziehe ich mich nun aber völlig auf Recherchen, und nicht auf eigene Erlebnisse.

Ich habe deshalb lange recherchiert, habe durch meine zahlreichen Kontakte viele Interviews führen können und stelle hier nun also alles zusammen, was mir für das Thema Sexualität und MS wichtig erscheint, bzw. was mir meine Interviewpartner so vermittelt haben.

Deshalb kann es gut sein, dass Sie als Leser noch andere Symptome kennen, sowie auch noch andere und besserer Ratschläge haben. Ich wollte mich aber diesem Thema widmen, da es seltener als andere Bereiche der MS Anerkennung findet. Es ist leider immer noch ein Tabu-Thema und vielleicht kann ich dem einen oder anderen mit meinen Recherchen zumindest insoweit helfen, dass er mit seinem Partner zu einem offeneren Austausch findet, oder sich professionelle Hilfe sucht. Das würde ich mir wünschen – damit wäre ein Teil meines Anliegens schon erreicht.

Das vertrauensvolle MITEINANDER ist das „A und O" in einer jeden Beziehung. Und in einer Beziehung, in der ein Partner, oder auch beide, mit einer Behinderung leben, ist es sicher NOCH wichtiger, sich auszutauschen und eine liebevolle Offenheit miteinander zu finden. Wertfrei sollte sie sein, ohne Schuld-Zuweisung. Das ist die Grundlage eines Gespräches.

Auf Grund meiner sozialpädagogischen und psychologischen Ausbildung, mit vielen unterschiedlichen Fort- und Weiterbildungen, bin ich sehr oft dem Thema „Offenheit im Gespräch" begegnet.

Deshalb ist es mir wirklich ein Anliegen, dass Betroffene das Gespräch suchen und dabei niemals den anderen Partner bewerten.

Die sogenannten „Ich-Botschaften" helfen jedem Start in ein Gespräch sehr gut.

Indem man von sich selbst, von seinen Bedürfnissen und seinen Wünschen, oder seinen Verletzungen spricht. „Ich fühle mich minderwertig" ist zum Beispiel eine Aussage, die niemand boshaft widerlegen kann. Denn so, wie ICH mich fühle, ist es mein „Ding". Würde ich sagen, „Du vermittelst mir immer das Gefühl, ich sei minderwertig", wären in diesem Satz schon eine Botschaft und eine Anschuldigung versteckt und der Gesprächspartner würde automatisch in eine Rechtfertigungshaltung gehen. Der emotionale unsachliche Austausch wäre vorprogrammiert.

„Ich wünsche mir, dass …", hört sich anders an, als „Du solltest mal...!".

Wenn man versucht, diese Regeln zu beachten, ist dem Gespräch von Anfang an schon einmal die Schärfe genommen.

Genauso wichtig ist eine gute Selbstreflektion vor jedem Gespräch, das man führen möchte. Ich denke, es ist gut, wenn man versucht, sich selbst mal mit den Augen des Anderen zu sehen. Vieles erscheint einem dann in einem anderen Licht. Außerdem kann man somit auch mal in die „Haut" des Anderen schlüpfen und dort in Ruhe nachspüren. Manches erledigt sich dann schon von selbst. Wenn ich versuche, meinen Partner zu verstehen, mich in ihn einzufühlen, wird es ihm umgekehrt ebenfalls einfacher gelingen und das ist schon eine wunderbare Voraussetzung für ein Gespräch.

Für mich persönlich ist zum Beispiel der Humor immer besonders wichtig. Chronisch Kranke und Behinderte sind generell im Vorteil, wenn sie viel lachen und alles mit Humor ertragen können. Und ganz besonders, wenn sie auch über SICH SELBST lachen können.

Ich habe mir das jedenfalls so angewöhnt, um meine vielen „nicht der Norm" entsprechenden Beeinträchtigungen so besser ertragen zu können. Zum Beispiel, fällt mir gerne mal bei einem Sektempfang das Glas aus der Hand. Oder, um bei diesem Beispiel zu bleiben, muss ich mich eventuell am Stehtisch anlehnen, weil ich nicht so lange stehen kann; dabei merke ich dann aber nicht, dass der Stehtisch nicht sicher steht und werfe ihn um..! Ich könnte einen Heulkrampf bekommen, ich könnte tief beschämt sein (ein bisschen bin ich es auch), aber ich kann lachen und mich köstlich über meine eigene Ungeschicktheit amüsieren und somit die Situation entschärfen. Im Übrigen für ALLE Beteiligten.

Also möchte ich hier an dieser Stelle meine Leser ermuntern und ermutigen, sich der Symptomatik des Tabu-Themas Sexualität gerne mit viel Humor zu nähern und auch im Bett über die ein oder andere Panne herzhaft mit dem Partner zu lachen. Das entspannt, löst den Knoten der momentanen Schwierigkeit und macht Mut und birgt eine sehr große Chance: die Chance auf Veränderung und vor allem auf NÄHE.

Wichtig ist es mir noch zu erwähnen, dass dieses Buch keinesfalls ein medizinischer Ratgeber ist. Es enthält auch keine Hinweise zu Medikamenten, da ich kein Arzt bin.

Dieses Büchlein widmet sich zwar den sexuellen Störungen, aber eher als Zusammenfassung, Erklärung und als Wegweiser. Ich kann keine medizinischen Tipps geben, sondern kann nur auf Grund meiner Recherche einige Dinge erwähnen. Das Hauptanliegen dieses Buches soll es sein, dass sich Betroffene wiederfinden und sie sich nicht „alleine" und „allein gelassen" fühlen. Und vielleicht kann man das Buch auch an den Partner oder Angehörige weitergeben. Ich wünsche mir, dass ich meine Leser ermuntere, sich dem Thema „Probleme mit der Sexualität" anzunehmen und sie es sich zuzutrauen, ihren Partner darauf anzusprechen.

MULTIPLE SKLEROSE

Multiple Sklerose ist eine neurologische chronische Erkrankung des zentralen Nervensystems (ZNS). Sie tritt meist zwischen dem 20. und dem 40. Lebensjahr auf und betrifft mehr als zwei Drittel Frauen. Trotz intensiver Forschungen konnten bis heute weder die genaue Ursache, noch eine Heilungsmethode für diese Erkrankung gefunden werden.

Man nimmt an, dass Multiple Sklerose durch eine Autoimmunreaktion hervorgerufen wird: Entzündungsherde (Läsionen) in Gehirn oder Rückenmark beschädigen die Nervenhüllen, wodurch die Weiterleitung der Signale unterbrochen wird und es in Folge zu neurologischen Ausfällen kommen kann.

Die Stellen, an denen die Entzündungsherde im Gehirn und/oder Rückenmark sitzen, sind für die Art der Symptome maßgeblich und verursachen die Symptome und Beschwerden.

Sie sind bei jedem Patienten unterschiedlich, ebenso wie Zeitpunkt und Ausmaß der Schübe. Sie sind niemals vorhersehbar.

Für die Betroffenen, aber auch für die Angehörigen, bedeutet die Krankheit und deren Unberechenbarkeit eine große Unsicherheit für die Zukunft und löst verständlicher Weise auch viele Ängste aus.

Sexualität und Körperbehinderung

Hierfür müssen wir erst einmal das Wort „Körperbehinderung" klären: laut Wikipedia ist Körperbehinderung "eine individuelle körperliche Behinderung eines Menschen, ein physiologisches Defizit oder Handicap (Christoph Leyendecker). Es wird eine Person als körperbehindert bezeichnet, die infolge einer Schädigung des Stütz-und Bewegungsapparates, einer anderen organischen Schädigung, oder einer chronischen Krankheit so in ihren Verhaltensmöglichkeiten beeinträchtigt ist, dass die Selbstverwirklichung in sozialer Interaktion erschwert ist (vgl. Leyendecker 2005)."

Es gibt also den körperlichen Aspekt einer Behinderung, die wie oben beschrieben einen Auslöser durch eine körperliche Schädigung hat, oder auch den sozialen Aspekt.

Allerdings erklären Fachberichte, dass eine Behinderung nicht allein durch individuelle Faktoren entsteht (z. B. körperliche Handicaps), sondern vor allem erst durch Barrieren in der Umwelt begünstigt werden. Leider erlauben es diese Barrieren manchen Menschen mit Beeinträchtigungen nicht, würdevoll am Alltag teilzuhaben. Denn je weniger eine Behinderung mit ihrer Beeinträchtigung Beachtung erhält und somit nicht angemessen auf die Handicaps eingegangen wird, desto eher erhält eine Beeinträchtigung das Gewicht der „Behinderung".

Sicherlich ist eine diagnostizierte MS „vorhanden" und für den Betroffenen sehr spürbar, aber oft machen es äußere Umstände oder auch außenstehende Personen erst zu einem wirklichen Problem. Oft verhalten sich außenstehende Personen so „beeinträchtigend", dass die Behinderung erst dadurch auffällt, Raum einnimmt und somit nicht mehr „unauffällig" gehandhabt werden kann.

Die Behinderung an sich ist also auch etwas subjektiv Wahrnehmbares und Fühlbares. Ist ein körperlich Beeinträchtigter aber in seinem Leben ein rundum glücklicher Mensch, wird die Behinderung nicht so eine große Rolle spielen. Maßgeblich ist hierbei immer, ob er seine Behinderung gut akzeptieren und in den Alltag integrieren kann. Und ganz besonders wichtig: hat er ein ausreichendes intaktes soziales Gefüge um sich herum?

Bei einem vergleichbar Behinderten, der kein Teil eines ausgewogenen sozialen Gefüges ist, vielleicht noch auf Grund seiner Behinderung gemobbt wird, oder Steine in den Weg gelegt bekommt, wird die gleiche Beeinträchtigung eine wesentlich höhere Rolle spielen und ihn mehr belasten.

In jedem Fall ist der Weg für ein selbstbestimmtes Leben in der Gesellschaft für viele Menschen mit Behinderung selbst heutzutage noch sehr schwer.

Multiple Sklerose ist die Krankheit mit den 1000 Gesichtern, die sich noch dazu bei jedem Betroffenen auf individuelle Art und Weise zigmal anders und völlig unterschiedlich zeigen und vor allem auswirken kann.

MS ist bei den Betroffenen oft auf den ersten Blick nur erkennbar, wenn zum Beispiel jemand im Rollstuhl sitzt, den Rollator oder einen Gehstock zur Hilfe benötigt. Oder wenn Körperteile gelähmt und leicht entstellt sind.

Genauso oft, bzw. sogar noch öfter, gibt es die sogenannten „unsichtbaren Symptome" der MS. Wie zum Beispiel Fatigue, Schwindel, Inkontinenz.

Darunter fällt auch das Thema „Sexualität", denn man sieht keinem Menschen (auch nicht einem ansonsten Gesunden) an, ob er sexuelle Probleme hat.

Es gibt MS`ler, die kennen diese unsichtbaren Symptome vielleicht nicht, dafür aber andere gravierende Auswirkungen der Krankheit. Es gibt MS`ler, die im Rollstuhl sitzen und trotzdem sexuell aktiv sein können. Also sollte man als Außenstehender auf keinen Fall denken, ein im Rollstuhl Sitzender wäre nicht mehr fähig, sexuell aktiv zu sein und sich sowieso hüten, trügerische Schlussfolgerungen zu schließen.

Der äußere Schein trügt so oft - gerade bei MS!

Es gibt also alle möglichen Fälle und hier in diesem Buch widme ich mich nun den sexuellen Problemen bei MS.

Sexualität gehört zu einer Beziehung, die über das rein Freundschaftliche hinauswächst, dazu. Durch die gute Möglichkeit zu verhüten, ist Sexualität im Laufe vieler Jahrzehnte auch freier und unabhängiger geworden.

Sexualität hat somit in unserer Gesellschaft zwar einen deutlich größeren Raum eingenommen, aber trotzdem ist das Thema oft noch schambehaftet. Funktionierende Sexualität ist etwas Wundervolles in einer Partnerschaft.

Sexualität, die allerdings mit Problemen behaftet ist, kann eine Partnerschaft zerstören und das ist sehr schade.

Sexualität mit Beeinträchtigungen, bedingt durch eine Krankheit wie MS, ist auf ihre Art und Weise speziell, muss aber nicht zwangsläufig problematisch sein. Es kommt immer darauf an, wie die Partner miteinander umgehen, wie offen sie das Thema besprechen können und ob sie einen für BEIDE zufriedenstellenden Weg finden

Es ist wichtig, sich immer wieder klar zu machen, dass der Geschlechtsakt nicht der einzige Weg ist, seine Liebe und Fürsorge mitzuteilen und zu „geben". Miteinander zu kuscheln und sich liebevoll zu halten, ist ebenfalls ein intensives und einzigartiges Erlebnis in einer Partnerschaft. Sich zu umarmen, zu berühren und zu liebkosen ist auch ein Weg, intim zu sein.

Sexualität kann die ganze Reichweite des sinnlichen Erlebens erfüllen. Besonders schön und wichtig ist es, ein positives Körpergefühl, absolutes Wohlfühlen und „Ankommen" in Geborgenheit zu spüren. Auch dies kann sehr wohl eine Art der Befriedigung sein.

Sicher ist: jeder Mensch hat ein Recht auf Intimität.

Unsicherheiten im Umgang mit Sexualität

Multiple Sklerose bringt, das wissen wir, Veränderungen auf jeder Ebene unseres Lebens mit sich. Betreffen diese unter Umständen auch die Sexualität, kann das besonders verwirrend und emotional aufwühlend sein.

Das zentrale Nervensystem (ZNS), das ja bei MS nicht richtig arbeiten kann, spielt natürlich auch im Hinblick auf das Sexualleben eine bedeutende Rolle. Bedingt durch Funktionsstörungen bestimmter Nervenbahnen, kann dadurch das Sexualleben beeinträchtigt werden.

Vorweggenommen sei, dass Sexualität bei MS keinesfalls schadet, sondern das Gegenteil der Fall ist. Oft gehen Partner von MS-Erkrankten davon aus, dass die eigenen sexuellen Bedürfnisse für den Erkrankten eine Zumutung seien und möchten sie deshalb auch nicht offenbaren. So kann sich aber eine psychische Kluft zwischen den Partnern aufbauen, die die Beziehung, die ja ohnehin durch die MS an sich schon oft vorbelastet ist, noch zusätzlich belastet.

Eine weitere Ursache von sexuellen Störungen bei MS können psychische Probleme sein. Auch bei Gesunden ist kaum ein Gebiet so intim, Scham – und Angstbesetzt, wie die eigene und die Paar-Sexualität. Und kaum etwas anderes in einer Beziehung macht uns so verletzlich. Wenn es sich um das Thema Sexualität handelt, wird manch Wortgewandter plötzlich stumm, schweigsam und verschlossen. Es ist schwer, sich sprachlich so auszudrücken, dass man nicht einsilbig oder zu ausschweifend wird. Zugeknöpft und reserviert zu sein, weil man nicht die richtigen Worte findet, löst das Problem nicht: ein heikles Unterfangen, sogar zwischen festen Sexualpartnern.

Andererseits ist natürlich Sexualität aber auch eine wundervolle Möglichkeit, Nähe zum geliebten Partner herzustellen und zu halten, oder in schwierigen Lebensphasen nicht den „Kontakt" zueinander zu verlieren.

Gerade, wenn ein Paar mit der Diagnose MS eines der Partner, oder auch beider Partner, leben muss, versteht man, wie wichtig es ist, sich gegenseitig zu begreifen, zu verstehen.

Denn durch fehlende Sexualität auf Grund der MS, kann sich sowohl auf der körperlichen, als auch auf der Beziehungsebene so Vieles verändern. Davor hat natürlich jeder in der Beziehung Angst.

Aber MS führt nicht zwangsläufig zu sexuellen Funktionsstörungen. Wenn aber die Nervenbahnen, die zu den erogenen Zonen und Genitalien führen, durch die Krankheit beeinträchtig sind, kann es unter anderem zu Sensibilitätsverminderung in diesem Bereich kommen.

Oft treten Probleme mit der Sexualität erst im Laufe der MS-Jahre ein und so auch oft erst im Laufe der bestehenden Beziehung. Das hat sicherlich den Vorteil, dass man schon auf viele Jahre befriedigender Sexualität zurückschauen kann und auch schon eine gewisse Nähe und Intimität aufgebaut hat. Dies kann ein Gespräch über neu auftretende Beeinträchtigungen erleichtern.

Schwieriger ist es für MS´ler, die gerade keine Beziehung haben, sich aber einen Lebenspartner wünschen. Denn hier ist die Angst, sich auf Grund ihrer sexuellen Problematik auf eine neue Beziehung einlassen zu wollen, verständlicher Weise enorm hoch. Viele MS´ler stellen sich die Frage: „kann man denn Nähe entstehen lassen, wenn man Streicheln nicht ertragen kann, oder an den üblichen erogenen Zonen nichts mehr spürt?"

Dies ist eines der Hauptprobleme in Bezug auf dieses Thema – das haben meine Recherchen und Interviews ergeben.

Eine neue Beziehung einzugehen, ist immer aufregend und auch für Gesunde etwas Besonderes. Eine sexuelle Beziehung daraus zu machen, ist ein nächster Schritt, der im besten Fall völlig unproblematisch abläuft.

Wenn man weiß, dass man sexuell nicht mehr aktiv sein kann, (oder nicht mehr in dem Ausmaß, wie das früher der Fall war), ist es eine große Hürde, eine neue sexuelle Beziehung eingehen zu wollen. Diese Barriere braucht viel Selbstvertrauen, Mut und Selbstbewusstsein, um überwunden zu werden. Sie setzt ein besonders großes Vertrauen, fast schon einen Vertrauensvorschuss, in den neuen Partner voraus.

Auch Außenstehende haben viele Fragen im Kopf in Bezug auf Sex und Behinderung. Zum Beispiel: „Kann jemand, der an Multipler Sklerose erkrankt ist, eine Erektion bekommen? Hat er dabei Schmerzen?" Und Vieles mehr…

Oft ist Anderen die Vorstellung, dass Behinderte Sex haben, sogar peinlich und unvorstellbar.

Da Sex ja auch eine Fortpflanzungsmöglichkeit ist und somit eine Weitergabe der Gene bedeutet, ist dieser Aspekt eine weitere Überlegung von Vielen. Zum jetzigen Wissenstand geht man bei MS davon aus, dass sie nicht vererbbar ist, es allerdings eine genetische Disposition gibt. Oft wird den Betroffenen auch die Verantwortung als potentielle Eltern nicht zugetraut.

Man sieht an all den aufgeworfenen Fragen also, dass dieses Thema Sexualität ein sehr weites Spektrum umfasst.

Fakt aber ist: zu einem selbstbestimmten Leben als Mensch mit Behinderung gehört auch die selbstbestimmte Sexualität!

Behinderte Menschen sind selbstbestimmte Menschen!

Auch für MS`ler gilt, dass es grundsätzlich keine Unterschiede in den sexuellen Bedürfnissen gibt, denn es ist ein Grundbedürfnis, das bei fast allen Menschen gleich ist.

Flirten, Freundschaften, Beziehungen, sowie Zärtlichkeiten und Sexualität gehören zu einem erfüllten Leben. Mit oder ohne MS!

Manche MS`ler leiden darunter, dass ihr Bedürfnis nach Zärtlichkeit und sexueller Lust unerfüllt bleibt und ihr Sexualleben eingeschränkt ist, obwohl sie in ihren sexuellen Empfindungen nicht beeinträchtigt sind.

Selbst wenn sie durch die MS benachteiligt sind, kennen sie vielleicht das Gefühl der Lust und würden es gerne wieder erleben. Doch Sexualität, Liebe und Partnerschaft, Schwangerschaft und Familienplanung, Verhütung und Kinderwunsch haben oft wenig Raum in der Lebenswirklichkeit von Menschen mit Behinderung. Dies ist sehr schade.

Deshalb ist ein offener Umgang mit diesem Thema, auch in der Öffentlichkeit, umso wichtiger.

Häufige sexuelle Probleme bei MS

- verringerte Libido
- kein Lustempfinden mehr
- Kraftlosigkeit
- beim Mann: keine Erektion, oder keine anhaltende Erektion
- bei der Frau: Schmerzen beim Geschlechtsverkehr, trockene Vagina, Scheidenkrämpfe
- Spastiken
- keine Energie
- FATIGUE und ständige Müdigkeit
- generelle Schmerzen
- jedes „Anfassen" ist unerträglich
- Orgasmus-Probleme
- Inkontinenz
- Blasenstörungen
- Bewegungseinschränkungen
- Taubheit der Geschlechtsorgane und der entsprechenden Regionen
- taube Mundpartie, oder auch Gesichtshälfte, die das Küssen beeinträchtigt
- Kribbeln, das vom Empfinden ablenkt
- Veränderungen der Aufmerksamkeit und Konzentration

Mit viel Glück treten sexuelle Schwierigkeiten auch nur zeitweise, oft auch „nur" im Rahmen eines Schubes, auf. Leider bleiben sie manchmal auch dauerhaft.

INFORMATIONEN
zu sexuellen Störungen

Rund 80 % der Männer, und 50% der Frauen mit MS haben sexuelle Störungen. Davon haben je nur 40% der Betroffenen jemals mit einem Neurologen gesprochen. Dies zeigt, dass das Thema immer noch sehr schambesetzt ist

Man unterscheidet bei MS und sexuellen Störungen zwischen
(Foley und Werner, 2000)

- **primäre Funktionsstörung**: Das sind die Symptome, die direkt durch die MS bedingt sind (entsprechende Läsionen im Gehirn oder Rückenmark).

  Z. B. bei Männern Erektionsstörungen, oder bei Frauen eine geminderte genitale Sexualität oder Befeuchtung.

- **sekundäre Funktionsstörung**: andere Symptome der MS, wie Blasenentleerungsstörung, oder auch Fatigue: wenn man nach einem langem Tag keine Lust mehr auf Sex hat – dies kann eine ernsthafte Störung in Partnerschaft sein.

- **tertiäre Funktionsstörung**: geänderte Rolle, die ein MS-Patient hat, z. B. sein Selbstbild (bin ich mit MS noch sexuell attraktiv?)

In MS-Zentren oder beim Neurologen gibt es Fragebögen, die schon einmal abklären können, ob eine Störung vorliegt, welcher Art sie ist und ob sie behandelbar ist. Kein MS-Patient sollte sich scheuen, seinen behandelnden Arzt um Rat zu fragen.

Bei der *primären Funktionsstörung* (= das direkte Resultat und die Folge neurologischer Veränderungen, bei denen die sexuellen Reaktionen gehemmt werden) ist es häufig, dass der männliche MS'ler keine Erektion mehr bekommen kann und unter Ejakulationsstörungen (Ejakulation = Samenerguss) leidet. Dies kann man unter Umständen mit entsprechenden Medikamenten behandeln. Oft erleichtern diese Medikamente eine Erektion und man kann sie länger halten und somit zu einem befriedigenden Sex kommen.

Es kann zu einer Abnahme oder einem Verlust des Sexualtriebs kommen und zu verringerten oder unangenehmen genitalen Empfindungen, sowie einer reduzierten Orgasmus-Fähigkeit.

Es gibt jeweils einige Therapien, die der Neurologe kennt. Oft wird der Betroffene auch zu einem Urologen überwiesen.

Bei Frauen ist das häufigste Problem eine verminderte Sensibilität, die eventuell durch mehr Stimulation verbessert werden kann. (wenn Berührungen MÖGLICH SIND).

Oder aber sie haben eine zu trockene Vagina, der man durch Befeuchtung, also einem Gleitmittel, nachhelfen kann.

Das Wichtigste ist auch hier, über die Probleme zu reden und Lösungen zu finden. Das erste Gespräch findet sicher mit dem Sexualpartner statt, oder aber auch mit dem Neurologen und anderen beteiligten Ärzten.

Bei der *sekundären Funktionsstörung* (zurückzuführen auf Symptome, die nicht direkt die Genitalien betreffen); ist es besonders wichtig zu schauen, was genau stört.

Zur sekundären Funktionsstörung gehören zum Beispiel: Inkontinenz (Blasen- und/oder Darmprobleme), Spastiken, Muskelschwäche, Müdigkeit, Zittern, Fatigue, kognitive Leistungsstörungen (Probleme mit der Konzentration und Aufmerksamkeit), sowie nicht-genitale Sensibilitätsstörungen.

Ist es zum Beispiel eine Spastik, sollte man mit dem behandelnden Arzt darüber sprechen und die Spastik direkt behandeln. Die genauen Anweisungen gibt dann der Arzt.

Handelt es sich um eine Fatigue, ist es wichtig auszuloten, zu welchem Zeitpunkt die Fatigue am Häufigsten auftritt. Es ist eventuell sinnvoll, den Zeitpunkt, zu dem man üblicher Weise erschöpft ist, für eine sexuelle Aktivität zu meiden. Man könnte einen geeigneten Augenblick wählen (z. B nicht nach einem langen Arbeitstag, sondern beispielsweise vormittags an einem Sonntag, wenn man ausgeschlafen und noch fit ist).

Bei Blasenfunktionsstörungen ist es wichtig, vorher auf die Toilette zu gehen und auch dafür eventuell zeitnah Medikamente zu nehmen.

Die *tertiäre Funktionsstörung* hat ihren Ursprung im Zusammenhang mit der Behinderung in psychosozialen und kulturellen Faktoren. Diese können sich auf die sexuellen Gefühle und Erfahrungen der betroffenen Personen auswirken.

Hier ist es notwendig, die eventuell neue soziale Rolle zu klären, die durch die MS entstanden sein kann. Man ist beispielsweise nicht mehr der Partner mit „der Power", die der Andere vorher gerade so sehr an ihm geliebt hat. Oder man hat zugenommen und fühlt sich selbst nicht mehr attraktiv usw.!

Deshalb ist es genau in diesem Fall auch so wichtig, sein Selbstbewusstsein zu stärken.

Und genau darum ist ein Gespräch mit dem Partner eine dringende NOTWENDIGKEIT. Es sollte von Offenheit geprägt sein und muss zur Klärung dieser Ängste beitragen. Ein Neurologe, Urologe und/oder Gynäkologe können auch hier helfen: mit Zuhören, Beraten und Behandlungsvorschlägen.

Außerdem ist immer mit in Erwägung zu ziehen, ob eine Psychotherapie hilfreich sein kann.

Ich persönlich halte eine psychotherapeutische Begleitung sowieso für MS`ler sehr sinnvoll, da sich meist sehr viel im Leben des Betroffenen verändert und man seinen „Status Quo" immer und immer wieder neu anpassen muss.

Nicht selten treten ein vermindertes Selbstwertgefühl, Schuldgefühle und Angst auf: Diese können sich sogar zu einer Depression entwickeln. Da kann ein guter Psychologe äußert hilfreich und lebensbejahend sein und entsprechend einwirken.

Wenn sexuelle Probleme dazu kommen, ist das eigene Weltbild des Betroffenen nochmal mehr beeinträchtigt und auf den Kopf gestellt. Eine gute Psychotherapie, eine Paartherapie, oder auch eine Sexualtherapie können hier sicher Wunder wirken, neue Welten öffnen und zu mehr Nähe und Intimität führen. Davor sollte niemand Angst haben.

Eine gute Beziehung ist es immer Wert, gerettet zu werden.

Die Diagnose Multiple Sklerose stellt oft das Leben von Betroffenen und Angehörigen von einem auf den anderen Tag auf den Kopf. Symptome kommen hinzu, Schübe explodieren, oder man hat die schleichende Form der MS und der Zustand verschlechtert sich zusehends stetig bergab.

Selbst die vielleicht auch nur "kleinen" Beeinträchtigungen verändern die Wahrnehmung des eigenen Körpers und damit auch die Rolle, die in einer Partnerschaft eingenommen wird.

Es wird sich häufig nicht zugestanden, mit dieser Erkrankung auch körperlich und sexuell attraktiv zu sein.

Dafür gibt es viele Beispiele, aber das Nachdenken darüber, kann dann ein erster Ansatz zur Besserung sein. Es ist deshalb wichtig, etwas für ein besseres Körpergefühl zu „tun", auch wenn das weder einfach noch lustig ist. Man kann es selbst entwickeln, indem man sich auf fürsorgliche und liebevolle Art erkundet und dabei feststellt, wo Berührung gut tut und wo vielleicht nicht. Dann könnte im nächsten Schritt mit dem Partner darüber gesprochen werden.

Man würde so einen besonderen Weg gehen, nämlich den Weg in Richtung Beziehung und Intimität, in dessen Verlauf vielleicht ein Wiederaufleben der sexuellen Beziehung stehen könnte. Dieser Weg ist sicherlich ebenfalls nicht einfach und gegebenenfalls auch lang, aber er lohnt sich sicherlich und zwar für BEIDE Partner.

Voraussetzung dafür ist allerdings wieder eine sehr vertraute und vertrauensvolle Beziehung. Aber wer nicht wagt, der kann nicht gewinnen: vielleicht ist dieser Weg sogar DER Weg, der einer Partnerschaft gefehlt hat.

Auch Gesunde dürfen diesen Weg gehen – er würde

manchem Paar gut tun.

Im Sinne von Sexualität und MS gibt es nicht ein einzelnes Lustzentrum, das zum Beispiel durch einen Herd im Gehirn geschädigt werden könnte. Sondern es ist die Verbindung zwischen den Geschlechtsorganen und dem Gehirn, die bei MS beeinträchtigt sein kann. Dies kann dann zu reduzierter Stimulierbarkeit führen.

Depression ist ebenfalls ein großes Thema bei MS-Patienten. In Bezug auf Sexualität kann sie natürlich auch große Auswirkungen haben.

Ein Partner fragt sich vielleicht, ob der Depressive, wenn er im Alltag schon nicht mehr viel fühlt, überhaupt den Sex fühlen, spüren und positiv erleben kann. Auch das sollte angesprochen werden. Vielleicht schafft es ja der Erkrankte, sich zu äußern und auch während der sexuellen Aktivität ein Zeichen von „Spüren" zu geben, um dem Partner nicht das Gefühl zu vermitteln, seine Bemühungen seien sinnlos.

Also kann insgesamt einerseits die emotionale und psychische Belastung eines MS–Betroffenen so groß sein, dass er schlicht und ergreifend den Spaß an seiner Sexualität verliert und auch gar kein Verlangen mehr nach Zärtlichkeit und körperlicher Liebe hat. Oder aber, die Verlaufsform bedingt diese Problematik. Oftmals kommen beide Faktoren zusammen und verstärken sich zusätzlich noch gegenseitig.

Manche Betroffene haben Sorge, dass ihre sexuelle Aktivität ihrem Körper schadet, weil sie vielleicht zu anstrengend wäre, oder gar einen neuen Schub auslösen würde. Aber diese Angst ist wohl medizinisch gesehen ungerechtfertigt. Was für ein Glück!

Wichtig ist es immer, seine sexuellen Probleme im Gesamtkontext zu sehen. Wie so oft bei MS und den verschiedenen Behandlungsformen, ist das „ganzheitliche Prinzip" ausschlaggebend. Denn ein Symptom allein zu „beheben", hilft oft nicht der Gesamtproblematik.

Deshalb muss man diese Probleme oder Störungen im Kontext betrachten. Man muss sich die Fragen stellen, ob es Probleme mit dem Partner, der Familie, oder im Umfeld gibt. Und dies sind nur einige der Fragen, die es zu beantworten gilt. Denn diese Probleme dürfen niemals als einzelne, für sich stehende Probleme betrachtet werden.

FRAGEN, mit denen man sich mal selbst in einer ruhigen Minute befassen kann:

→ Wie wichtig ist mir Sex?

→ Möchte ich Sexualität, oder ist mir das unangenehm und ich wünsche mir eher eine platonische Beziehung?

→ Mag ich mich selbst überhaupt noch? Und was kann ich tun, falls dies nicht der Fall ist?

→ Mit wem kann ich über mein Problem reden?

→ Hat die MS meine sexuelle Empfindsamkeit verändert?

→ Haben eventuell Medikamente meine sexuellen Probleme verursacht?

→ Habe ich noch sexuelles Interesse an meinem Partner?

→ Hat mein Partner das Interesse an mir verloren?

→ Welche Art der Empfängniskontrolle ist angebracht?

→ Welche Sexualpraktiken können wir belassen, welche ändern? (wenn z.B. der Geschlechtsverkehr nicht mehr möglich ist – beispielsweise wegen ausbleibender Erektion oder Schmerzen)

→ Welchen Arzt kann ich zuerst aufsuchen, mit dem ich vertrauensvoll über mein Problem reden kann?

→ Wann ist der geeignetste Zeitpunkt, meinen Partner zu einem Gespräch zu bitten?

→ Leidet unsere Beziehung?

→ Wenn kein fester Partner da ist: wann kann ich mit meinem neuen Partner am besten über meine sexuellen Störungen sprechen?

→ Bei Problemen mit der Sexualität sollte sich das betroffene Paar immer wieder vergegenwärtigen, dass sich Schwierigkeiten im Sexual-Leben auch bei gesunden Menschen einstellen.

Es ist kein Problem, das ausschließlich MS`ler betrifft. Stress, Belastung auf der Arbeit und Müdigkeit sind häufige Ursachen für ein Desinteresse an Sex.

Ebenso können ungleiche Vorstellungen über Sex zwischen den Partnern oder äußerer sozialer Druck ungut für das Sexualleben sein.

Um Missverständnisse zu vermeiden, ist es sinnvoll, darüber zu sprechen.

Für einen MS-Betroffenen mag es hilfreich sein, diese Option nicht aus dem Auge zu verlieren und eine existierende Problematik nicht allein auf die MS zu schieben.

PROBLEME UND LÖSUNGS-IDEEN

Probleme mit der Erektion (Erektile Dysfunktion)

Männern mit MS kann es ab und zu, oder dauerhaft passieren, dass die Erektion nicht oder nicht ausreichend „anhält". Dies kann ganz unterschiedliche Ursachen haben. Zum Beispiel eine allgemeine körperliche Schwäche, sowie emotionale oder seelische Gründe.

Mögliche Ursachen für die Erektionsschwäche müssen individuell vom geschulten Mediziner untersucht werden. Nur so kann festgestellt werden, ob die Ursachen organischer oder psychischer Natur sind. Denn dementsprechend werden die Symptome dann auch jeweils unterschiedlich behandelt. So schwer es ist: wenn man sich entschließt, sich einem Arzt anzuvertrauen, ist Offenheit wichtig. Teil-Informationen können dem besten Arzt ein „Beinchen stellen" und zu Fehl-Diagnosen führen und somit die Besserung und Hilfe nicht adäquat leisten.

MS ist eine Erkrankung des zentralen Nervensystems. Deshalb *kann* sie auch direkte Auswirkungen auf die Sexualität des Betroffenen haben. Z. B. auf die Empfindsamkeit und die sexuelle Reaktion.

Es gibt zur Behandlung einige spezifische, auf die MS-Problematik abgestimmte, Medikamente. Aber hier muss eine eingehende urologische Untersuchung vorangehen und die Einnahme der Medikamente muss vom behandelnden Arzt regelmäßig kontrolliert werden.

Außerdem gibt es verschiedene mechanische Hilfsmittel, die ebenfalls helfen können. Dazu gehören zum Beispiel Vakuumpumpen und Stäbchen, die in den Penis implantiert und dann nach Bedarf versteift werden. Auch hier gilt es, den Neurologen und Urologen zu befragen.

Des Weiteren ist das Problem der Ejakulation, bzw. Schwierigkeiten beim Erlangen des Orgasmus, eine typische Sexualstörung bei MS. Die Ejakulation kann verzögert sein oder gar nicht stattfinden.

Probleme mit der Ejakulation können sowohl neurologische als auch psychologische Ursachen haben (oder beides zusammen).

Das Tragische am Verlust der Orgasmus-Fähigkeit ist, dass es hier entweder zu Schuldzuweisungen (sich selbst oder dem Partner gegenüber), oder auch zu Selbstzweifeln und einem reduzierten, bis gar erlöschenden, Selbstvertrauen führen kann.

Deshalb sind Gespräche mit dem Sexualpartner so unendlich wichtig, denn nur wenn die Beziehung auf gegenseitiger Achtung und liebevollem Vertrauen besteht, kann man auch in Ruhe und mit Humor und viel Bedacht über andere Sexualpraktiken nachdenken. Und vielleicht muss man sich auch von dem Vorurteil lösen, dass nur der Geschlechtsverkehr allein das Mittel der Wahl ist.

IMPOTENZ

Impotenz ist das häufigste sexuelle MS-Problem beim Mann. Aber Impotenz hat nicht immer einen organischen (körperlichen) Ursprung. Deshalb ist es mir wichtig, diese Störung hier nochmal einzeln zu erwähnen und zu beleuchten.

Impotenz ist ein Symptom, das auch durch großen Stress ausgelöst werden kann.

Und nicht selten sind Männer mit MS von Impotenz betroffen, obwohl keine spezielle **Läsion** auf diesen Bereich zurückzuführen ist und somit eigentlich die sexuelle Aktivität nicht beeinträchtigt sein dürfte.

Das heißt also zum Beispiel, dass Impotenz und sichtbare Läsionen in solch einem Fall medizinisch gesehen dann nicht zusammen „passen".

Deshalb ist das Gespräch mit dem Neurologen, der die Läsionen ja zuordnen kann, so enorm wichtig. Denn spätestens jetzt sollte man hellhörig werden. Man ist deprimiert über seine Impotenz und ordnet sie der MS zu, aber eventuell ist sie „nur" das Ergebnis der Belastung, unter der man steht.

Wenn Läsionen bestimmte Bereiche der Wirbelsäule betreffen, kann der Patient an einer Impotenz leiden, die wirklich organischen Ursprunges ist. Sollte diese Läsion aktuell entstanden sein, kann durch die Gabe von **Corticosteroiden** Besserung erreicht werden.

Ansonsten, wenn dies ausgeschlossen werden konnte, gibt es auch **Arzneimittel**, die die sexuelle Leistung des Mannes deutlich verbessern.

SPASTIK

Andere Probleme können sein: gesteigerte Muskelspannung (Spastik), z. B. in den Oberschenkeln. Dies kann solche Schmerzen verursachen, dass man den Geschlechtsakt abbrechen muss und ihn noch dazu für ein nächstes Mal schon von vorneherein ausschließt. Oder es könnte bedeuten, dass man zu oft die Stellung wechseln muss, was man kräftemäßig nicht schaffen würde.

Solche Spasmen können medikamentös behandelt werden. Wichtig ist die Wahl des richtigen Zeitpunktes, damit ein bestmögliches Ergebnis erzielt werden kann.

Auch hier gilt: am besten sucht man einen kompetenten Facharzt auf. Und wie immer ist es auch hier wichtig, das Gespräch mit dem Partner zu suchen. Dies sollte geprägt sein von Offenheit, liebevoller Zärtlichkeit und einem herzlichen Verstehen. Ob man das Ausprobieren neuer Praktiken als eine angenehme Form der Zwiesprache empfindet, obliegt jedem Paar selbst. Manchmal gibt es für scheinbar unlösbare Probleme doch eine einfache Lösung.

EMPFINDUNGSSTÖRUNGEN

Frauen mit MS betrifft sehr häufig eine **verminderte Empfindsamkeit in der Genitalregion**. Dies kann zu Trockenheit der Vagina führen, was wiederum äußerst schmerzhaft ist (hier helfen z. B. Gleitmittel) – und wie immer, das Gespräch mit Partner und Ärzten. Ich erwähne das bewusst immer wieder, weil ich in meinen Interviews festgestellt habe, dass dies einfach oft nur vergessen, oder gar nicht in Betracht gezogen wird.

Bei MS`lern, die unter Kontinenz-Problemen leiden, können verständlicher Weise aus Angst vor unkontrolliertem Urin - oder Stuhlabgang, Probleme mit der Sexualität die logische Folge sein.

Bei Harn-Inkontinenz kann es helfen, vor dem Sex weniger Flüssigkeit zu sich zu nehmen und auf jeden Fall die Blase vorher zu leeren.

Diese Symptome können eine direkte Folge von Entzündungsherden im Gehirn oder Rückenmark sein. Sie können aber auch Begleiterscheinungen von Blasenstörungen, Spastik oder Schmerzen sein.

Veränderungen der Aufmerksamkeit (Kognitive Störungen)

Veränderungen der Aufmerksamkeit und Konzentration können sogar die Fähigkeit beeinträchtigen, das sexuelle Interesse aufrechtzuerhalten. Kognitive Leistungsstörungen sind ein bekanntes Symptom der MS und spielen nun sogar auch im sexuellen Bereich eine Rolle.

Auch darüber muss offen mit dem Partner geredet werden, denn er könnte abflachendes „Interesse" falsch und als Zurückweisung verstehen. Man selbst, oder der Partner könnten auch Schuldgefühle bekommen, was wiederum nicht förderlich für ein kuscheliges Beisammensein ist. Man muss dieses Symptom sehr ernst nehmen, da es in einer Partnerschaft potentiell zu erheblichen Missverständnissen und emotionalen Belastungen führen kann.

Diese als negativ empfundenen Gefühle können die momentane Ablenkbarkeit noch weiter verstärken oder zum völligen Aufgeben der sexuellen Aktivität führen.

Das Schwierige an diesen kognitiven Leistungsstörungen ist ja, dass sie bei Ermüdung verstärkt auftreten!

Reizüberflutung

Auch eine **Reizüberflutung** muss unter diesen Umständen vermieden werden, da sie den sowieso schon erschöpften und mental überforderten MS'ler noch mehr erschöpfen würde und er somit zu einer lockeren Sexualität in diesem Moment nicht mehr in der Lage sein könnte.

Dies zu erkennen erfordert viel Einfühlungsvermögen und auch MS-Hintergrundwissen des Partners.

Muss er sich während des Geschlechtsverkehrs zu sehr auf diese Dinge konzentrieren, wird es auch für ihn irgendwann „krampfig"!

Deshalb ist es so wichtig, darüber schon vorher zu reden und auch eventuell bestimmte Zeichen auszumachen, die dem Partner das Bedürfnis nach einem Moment Pause signalisieren und man trotzdem noch kuschelig beisammen liegen kann.

Außerdem könnte es zu einer verminderten Lust auf Sex kommen, wenn der "gesunde" Partner den "kranken" oder "behinderten" Partner in erheblichem Umfang pflegt und versorgt.

Wenn Pflege und Versorgung zu einem großen Bestandteil einer Beziehung werden, dann ist es nur schwer möglich, sich zu entspannen und Spaß am Sex miteinander zu haben. Diese Rollenänderungen können von einem immer stärker zunehmenden Gefühl der Isolation in der Beziehung und zu einem verringerten Verständnis der Sorgen und Probleme des Partners führen. Die dann vielleicht verloren gegangene Fähigkeit, den Anderen zu verstehen und diese Überlegungen miteinander durchzuarbeiten, schafft noch weitere und eine folgenschwerere Isolation, als man denkt und führt schnell zu Missverständnissen.

FATIGUE

Fatigue kann eine Spaßbremse sein. Im Alltag mit MS kennen das sehr viele Fatigue`ler schon lange und wenn sie sich dann noch dazu im Rahmen der geliebten Sexualität breit macht, würde sie man am liebsten erst recht zum Teufel jagen.

Ständige und auch unangemessene Müdigkeit führen unweigerlich zu fehlender Energie, speziell gegen Abend. Deshalb ist selbst bei Sex mit dem Damoklesschwert Fatigue ganz wichtig, sich an ein Energie-Management zu halten.

Jeder Fatigue`ler hat im Laufe seiner MS-Karriere, wenn er mit Fatigue zu kämpfen hat, sicherlich herausgefunden, wie er am ehesten seine Form der Fatigue bekämpfen kann. So ist es dann auch mit dem Sex.

Fatigue stört und beim ausgelassenen Sex erst recht. Also sollte man den richtigen Zeitpunkt für seine sexuellen Aktivitäten wählen, was natürlich auch wieder Verständnis des Partners voraussetzt. Aber einen schlafenden und zu Tode erschöpften und ausgelaugten Sex-Partner möchte sicherlich niemand haben.

Hilfreich ist es manchmal auch, sich sonst nicht viel vorzunehmen an einem solchen „Sex-Tag", wenn man ja sowieso schon planen muss.

Großartiges Kochen und dann anschließend Liebe machen, schließt sich schon fast aus, da die meisten Fatigue`ler vom Kochen so erschöpft sind, dass sie sich hinlegen müssen – leider nicht zum Spaß haben, sondern zum notwendigen Auftanken.

Das MS-**Schwächegefühl** könnte zum Beispiel dadurch ausgeglichen werden, dass neue Stellungen für befriedigende sexuelle Aktivitäten gefunden werden. Und zwar für beide Beteiligten.

Liegende Positionen können weniger ermüdend sein und Kissen können eine bequeme Lage verbessern und sind außerdem noch für die Muskeln weniger anstrengend.

Wer Stellungen in Ruhe ausprobieren möchte, um zu testen, ob sie körperlich machbar sind, kann diese auch schon im Vorfeld ausprobieren. Dies kann helfen, während des Geschlechtsaktes keine unangenehmen Gefühle hochkommen zu lassen, aber andererseits kann es natürlich auch eine gewisse Komik haben, wenn man während dessen etwas ausprobiert.

Das muss jedes Paar für sich entscheiden.

Ob neue Stellungen bequem sind, kann von Partnern ja gemeinsam und mit einer Prise Humor herausgefunden werden

Auch sollte man nach dem Sex genügend Zeit haben, sich ausruhen zu können.

Viele MS'ler klagen über eine enorme Kraftlosigkeit nach dem Sex, über Zittern und wacklige Beine, über Spastiken und Schmerzen und über eine große Erschöpfung, weil der Geschlechtsakt an sich schon sehr anstrengend sein kann für einen kraft– und energielosen MS'ler.

Auf keinen Fall aber sollte man sich den Spaß und die Lust nehmen lassen. MS'ler sind Planen, Organisieren und Energie-Management ja gewohnt. Nun schwappt es halt auch noch auf die Sexualität über. Einige werden die Spontanität vermissen. Aber ein Leben mit MS lässt sowieso nur noch wenig Spontanität zu. Also ergeben wir uns und planen – dies kann auch Vorteile

haben  .

Das Wichtigste ist und bleibt, dass der Betroffene lernt, offen über seine Probleme zu sprechen, und dass gemeinsam mit dem Partner nach Lösungen gesucht wird.

VERHÜTUNG

Verhütung ist ein Thema, das Gesunde und MS`ler gleichermaßen angeht.

Die Empfängnisfähigkeit ist bei Frauen mit MS ebenso wenig eingeschränkt, wie die Zeugungsfähigkeit bei Männern. Deshalb müssen sich Paare mit einem MS-kranken Partner genauso Gedanken über Verhütung machen, wie alle anderen Paare auch.

Für MS`ler sind mehr oder weniger alle handelsüblichen Verhütungsmethoden geeignet.

Ob man sich für eine orale Therapie (Pille), oder örtliche Methoden, wie Spiralen und Diaphragma entscheidet, oder noch andere Methoden liebt – das sollte mit dem Gynäkologen und evtl. auch zeitgleich mit dem Neurologen abgesprochen werden.

Zu beachten ist allerdings Folgendes: da manche MS-Medikamente einen Einfluss auf die Körpertemperatur haben können, werden Methoden, die auf einer Messung der Körpertemperatur beruhen, nicht empfohlen.

TRAUER

Es wäre falsch und unwahr zu behaupten, dass es nicht einigen MS`lern an gelebter Sexualität mangelt. Ich kenne viele MS`ler, die sich eine Partnerin/ einen Partner wünschen, die gerne eine Lebenspartnerschaft eingehen würden und natürlich auch gerne Sex hätten. **Das wünschen sich allerdings viele Gesunde ebenso.**

Es wäre unwahr, dies zu vertuschen und alles rosig darzustellen.

Denn MS`ler, die ihre Diagnose haben und schon Jahre oder gar Jahrzehnte mit dieser bislang unheilbaren und vor allem unkalkulierbaren Erkrankung leben, haben es erlebt, dass ihr Leben von einem auf den anderen Tag, oder zumindest im Laufe der Zeit, auf den Kopf gestellt wurde.

Manche fühlen es so, als wäre das Leben häuptlings über ihnen ausgeschüttet worden und sie müssten sämtliche Puzzleteilchen erst zusammen suchen und sich ihr Leben neu aufbauen.

Es gibt wirklich schwere, sehr schwere Schicksale.

Es gibt Menschen, die unglaublich Schlimmes aushalten müssen und die nur im Entferntesten von Sexualität träumen, da sie ganz andere Sorgen haben. Nämlich den Kampf ums tägliche Leben und Erleben.

Es gibt MS`ler, denen es trotz großer Beeinträchtigungen „soweit ganz OK geht", die sich auf ihr Leben im Rollstuhl eingestellt haben, die auf Pflege angewiesen sind und noch mehr...

Und trotzdem haben auch diese Menschen meistens noch sexuelle Bedürfnisse und würden sich freuen, wenn sie einen Partner an ihrer Seite hätten.

Ganz viele MS`ler, vor allem Männer, haben mir berichtet, dass sie aus Angst, dass sie einer neuen Partnerin sexuell nicht „genügen", gar nicht erst eine Partnerschaft eingehen möchten.

MS hat sehr viele Gesichter und MS hat auch sehr viele Auswirkungen auf ein Leben - auf ein „normales" Leben.

MS kann ein normales Leben zerstören, MS kann auch Hoffnungen zerstören und auch Sexualität.

Das möchte ich nicht verschweigen.

Optimismus ist eine feine Sache und gerade für Betroffene sehr wichtig, aber auch er hat seine Grenzen. Wenn man in manch persönliche Abgründe blickt, so wie ich es nun durch die Interviews getan habe, wird man selbst ganz bescheiden, dankbar und sogar ein bisschen demütig.

Ich ziehe meinen Hut vor all Denjenigen, die ein Leben mit vielen Entbehrungen leben müssen und doch GLÜCKLICH sind.

Von diesen Menschen können wir alle sehr viel lernen.

Da ich selbst in einer erfüllten Partnerschaft lebe, würde ich dies gerne jedem Menschen ebenso wünschen.

ANGST

Angst ist manchmal die größte Hürde, etwas zu schaffen, etwas anzupacken und voran zu schreiten. Dies betrifft Gesunde genauso wie uns MS`ler. Wir wurden nur schon des Öfteren ganz anders mit der Angst, mit dem Abgrund und vor allem mit Grenzen konfrontiert, sodass wir aufpassen müssen, nicht völlig IN Angst zu leben und darin zu versinken.

Das ist bei MS ein besonderes Thema und oft kann da außer dem Partner und lieben Freunden nur noch der Psychotherapeut helfen. Diesen sollte man auch spätestens dann aufsuchen, wenn man von der Angst zerfressen wird.

Sexualität hat ganz viel mit Angst zu tun. Sie ist, so scheint es manchmal, fast Angst besetzt...

Viele haben Angst, dem Partner sexuell nicht zu genügen. Das ist bei Gesunden nicht anders, als bei MS`lern. Dabei ist Sexualität doch etwas Gemeinsames, etwas, das sich entwickelt. Mit Sicherheit hat diese Angst etwas mit der „guten alten Steinzeit" zu tun ☺, als wir noch den bestimmten Partner brauchten, um schwanger zu werden und leistungsstarke Kinder auf die Welt zu bringen.

Aber die Angst, die ein MS`ler mit sexuellen Problemen und MS bedingten Störungen hat, ist eine sehr begründete und sehr verständliche Angst. Denn sie kann ja immerhin dazu führen, dass jemand lieber alleine bleibt, als zuzugeben, dass er sexuell nicht mehr voll leistungsfähig ist. Und das, obwohl er gerne eine liebevolle Gesellschaft und Partner/in hätte.

Noch dazu kommt dann die Scham, die leider begleitend da ist und die die Angst erst richtig ausbaut. Das ist so schade, denn ich bin mir sicher, dass es auch eine Liebe ohne den „üblichen" Sex geben könnte; eine Liebe voller Wärme, voller Kuscheln und Streicheln.

Eine „gesunde" Frau hat mir sogar gesagt, sie wäre froh, wenn ihr Mann nicht so viel Sex haben wollte. Diese Option ist nämlich ebenfalls nicht unüblich und so einige andere Frauen werden sich dieser Aussage anschließen.

Ich erwähne es deshalb auch, um mal die andere Seite zu beleuchten und auch, um sie in Betracht zu ziehen.

Angst bedeutet immer auch, dass man sich blockiert, eine Sperre aufbaut. Entweder sich selbst oder dem Partner gegenüber, oder auch gegenüber der Sache an sich.

Angst kann dann auch zu Libido-Verlust und zu Vielem anderen führen.

Ich weiß von Frauen, die Streicheln kaum noch ertragen können, weil es ihnen MS bedingt „Schmerzen" bereitet. Es ist unangenehm für sie und wirklich höllisch schmerzhaft. Sie beschreiben es so, dass es ihnen wirklich „an die Nerven geht".

Wie soll eine Frau mit diesen schrecklichen Empfindungs- und Sensibilitätsstörungen den Mut haben, sich einen neuen Partner zu suchen? Denn sie weiß ja schon im Vorfeld, dass sie keinen entspannten Sex haben kann.

Ein fürchterliches Symptom, unsichtbar und so lebenseingreifend und erniedrigend! Und doch trauen es sich einige Frauen und das ist wundervoll. Denn so, wie es manch impotenter Mann mit seiner Angst geht, geht es Frauen mit anderen Dingen und wenn sich solch ein Pärchen findet, hat das ja schon wieder seinen eigenen Reiz.

Viele möchten dem neuen Partner auch nicht zu viel erklären müssen. Wenn ein MS`ler auf einen neuen Partner stößt, der keine MS hat und mehr oder minder gesund ist, muss man ihm ja schon einmal alles rund um die MS erklären.

Das Risiko, verstoßen zu werden, WEIL man MS hat, ist ja leider nicht gering. Demjenigen dann noch erklären zu müssen, dass man auch im sexuellen Bereich Probleme hat, kann eine Hürde darstellen, die unüberwindbar erscheint.

Welche Frau gibt gerne zu, dass sie sich ausgerechnet nicht an den Brüsten anfassen lassen kann, dass ihre Brustwarzen nichts, aber auch gar nichts spüren?

Und welcher Mann gibt gerne zu, dass er keine Erektion, oder keine anhaltende Erektion bekommt?

Und wer möchte mit all diesen Problemen, mit diesem riesen PAKET in eine neue Partnerschaft gehen?

Dies zu tun ist mutig, aber es ist es auch sicherlich WERT.

**Einen Partner zu finden, der dies alles mitträgt ist etwas
Wundervolles und diese Chance wünsche ich wirklich jedem.**

Intimität und Sexualität sind für eine gesunde partnerschaftliche Beziehung sehr wichtig. Sie wird allerdings von jedem Menschen anders erlebt. Die Idee einer „normalen" Sexualität kann sehr belastend sein und verunsichern. Vor allem aber: woher wissen wir, was eine „normale" oder gute Sexualität sein soll?

Was ist normal, was ist die Norm?

Das ist schon in weniger sensiblen Bereichen eine philosophische Frage. Zur Sexualität mag das so gar nicht passen. Von diesem Anspruch müssen wir uns also so oder so frei machen.

Wichtig ist, dass die Angst nicht zu einer Depression auswächst. Denn Depression und auch Müdigkeit können eine Verunsicherung gegenüber dem eigenen Körper bewirken und sich zusätzlich komplizierend auf das Sexual-Leben auswirken.

Auch einige Medikamente (z. B. Antidepressiva) haben einen eher ungünstigen Einfluss auf die Sexualität. Bei Frauen wirken sie oft Lust vermindernd, bei Männern führen sie, wie auch Blutdruck senkende Medikamente, oft zu Erektionsstörungen.

Ratschläge zu geben, finde ich anmaßend, aber ich weiß, dass es auch Partnerbörsen für Beeinträchtigte gibt.

Es gibt auch spezielle MS-Gruppen für Singles.

Gerade auf Facebook kenne ich Einige. Teilweise sind diese auch geheim. Wer Interesse hat, kann mich gerne über meine Homepage kontaktieren.

Ich behandele dies absolut vertrauensvoll.

Es gibt auch mindestens eine geheime Facebook-Gruppe, in der sich MS'ler, die sexuelle Probleme haben, austauschen. Das finde ich wundervoll, denn so sehen sie, dass sie nicht alleine sind. Ein paar Mutige haben sie gegründet und noch mehr Mutige sind beigetreten.

Hier folgt nun einmal EIN Text, den ich über Angst geschrieben habe. Er hat nichts mit sexuellen Störungen zu tun, aber er erklärt, wie viel Angst wir aushalten müssen und zeigt Angehörigen anschaulich unser Dilemma.

Angst – nicht nur ein Gefühl

MS: Ob es sich wirklich jemand vorstellen kann, der es nicht selbst kennt, wie es ist, mit der Angst zu leben, dass Dich täglich ein neuer Schub treffen kann, der Dein Leben von heute auf morgen auf den Kopf stellt?

Oder wie bei anderen Verlaufsformen, wenn sich die MS schleichend verschlechtert?

Diese kriechende Angst, die so zerstörerisch ist.

Angst ist ein Grundgefühl, das sich in bedrohlichen empfundenen Situationen als Besorgnis oder Kummer äußert.

Als Auslöser können sich erwartete Bedrohungen, oder auch plötzlich auftretende Bedrohungen in „Angstgefühlen" ausdrücken.

Krankheit ist in der Regel nicht zu „erwarten", plötzliche Erkrankungen erst recht nicht.

MS ist zwar eine chronische Erkrankung, aber doch überfällt die Plötzlichkeit eines Schubes oder einer Verschlechterung den Betroffenen sehr tiefgreifend.

Erst einmal ist Angst nur eine Gefühlsregung, aber das, was die Angst mit uns macht, ist mehr.

Deutlich mehr.

Sie kann unser Selbstbild auf den Kopf stellen, unser Selbstwertgefühl gehörig ins Wanken bringen und uns körperlich eine Art Bedrängnis und Enge bescheren.

Auf jeden Fall beschert es dem Betroffenen eine große Unsicherheit, die zu bewältigen nicht einfach ist und schnell zu einer Depression führen kann.

Die Angst vor Veränderung, die Angst vor der Endgültigkeit nehmen in solch einem Moment Besitz von dem Erkrankten. Es kommt sicherlich auf die seelische Konstitution, das soziale Umfeld und andere Faktoren an, wie man solch einen Verlust der Gesundheit handhaben kann.

Und bitte: das alles ist nicht zu verwechseln mit der Angst, mit der jeder Mensch lebt, dass er nicht von einem „Auto überfahren" wird.

DAS kann uns Betroffenen nämlich noch ZUSÄTZLICH passieren.

Unsere Angst ist DA.

IMMER!

Sie ist greifbar und leider erlebbar. Sie ist nicht unreal oder überflüssig, sondern BEGRÜNDET.

Wir müssen lernen, mit ihr zu leben und mit ihr sinnvoll umzugehen und zwar so, dass wir sie zulassen und doch gut darauf achten, nicht von ihr zerstört zu werden.

Und ab und an brauchen wir deshalb bitte MITGEFÜHL und Hilfe.

Hallo MS!

ALLGEMEINES

Sexualität ist auch deshalb so ein schwerwiegendes Thema, **da es nie den Betroffenen allein betrifft.**

Bei einigen anderen MS-Symptomen besteht für die Betroffenen die Möglichkeit, sie und ihre Auswirkungen alleine zu bewältigen. Hilfe ist immer schön und auch wichtig, aber Einiges kann man ganz gut alleine schaffen, oder zumindest betrifft es den Partner nicht so umfassend.

Partner von Fatigue-Geplagten haben allerdings schon mit Sicherheit feststellen müssen, wie sehr so eine Fatigue den gemeinsamen Alltag betreffen kann. Und somit betrifft dieser Umstand schon lange nicht mehr nur den MS`ler. Bei MS`lern, die beim Laufen oder Ähnlichem Hilfe benötigen, kann das ebenfalls so sein.

Die Paar-Sexualität allerdings ist davon ganz intensiv betroffen, da sie ZUSAMMEN und nur gemeinschaftlich funktioniert. Also ist der Sexualpartner ganz unmittelbar und DIREKT von den Beeinträchtigungen betroffen. Dies macht diese Situation noch einmal prekärer.

Und es ist erwiesen, dass das Erleben der eigenen Handicaps maßgeblich davon abhängt, wie ein Betroffener mit seiner MS umgehen kann, aber auch, wie sein Umfeld auf die Diagnose reagiert.

Das Erste muss aber sein, sich selbst mit seiner MS zu befassen und selbst Strategien zu entwickeln, wie man mit ihr "verhandelt".

Aber der Einfluss und die Sichtweise des Umfeldes sind enorm wichtig. Vor allem tut es dem Betroffenen gut, wenn er spürt, dass ihm Angehörige ein Gefühl von Verstehen geben, ihm glauben und ihm Geborgenheit, Vertrauen und Zutrauen vermitteln. Denn wenn er diese so wichtige und wohltuende Aufmerksamkeit und wohlwollende Anteilnahme nicht erfährt, kann es dem MS`ler natürlich auch nicht so wirklich gut gehen, da er dann zusätzlich noch einen Kampf hat: nämlich sich zu erklären oder zu behaupten.

Noch ein Problem ist die Erwartungshaltung, die „man" an den Sex hat. Glaubt man wissenschaftlichen Berichten, sind wir in den westlichen Kulturkreisen so geprägt worden, dass wir annehmen, Sex müsse immer spontan und leidenschaftlich sein. Wenn nun dieser Sichtweise darüber, was Sex „sein sollte", nicht entsprochen werden kann, kann man als Paar dermaßen enttäuscht sein, dass man keine sexuelle Aktivität mehr haben oder zeigen will. Womöglich zieht man sich völlig zurück, ist selbst verunsichert, oder es werden gar Schuldzuweisungen ausgesprochen Damit aber würde man es verpassen, andere Möglichkeiten des sexuellen Zusammenseins auszuprobieren. Man würde ebenfalls verpassen, sich neue Wege der Befriedigung zu ebnen.

Für mich ist es hier wichtig, ganz deutlich zu machen, dass man tatsächlich etwas VERPASSEN könnte.

Jedes nicht der Norm Entsprechende, birgt immer auch die Chance auf eine neue Entdeckung.

Noch dazu sind besonders Frauen, was ihre Körperlichkeit und auch ihr Aussehen betrifft, oft vorbelastet und durch die Erziehung geprägt.

Durch das Leben mit einer schweren Krankheit kann dies sich noch einmal verstärken. Der Selbstwert kann drastisch sinken und die Liebe und Achtsamkeit sich selbst gegenüber ebenfalls. Das kann auf das sexuelle Befinden und Erleben verheerende Auswirkungen haben.

Bei den Männern spielt es nach der Diagnosestellung und vielleicht auch mit fortschreitender Behinderung eine große Rolle, wie sie ihr Selbstbild weiter entwickeln. Denn sie sind ja meist so geprägt, dass sie die Rolle des Ernährers und starken Mannes innehaben (müssen).

Es ist womöglich hart, verletzend, erniedrigend und demütigend, diese anerzogene und gesellschaftlich geprägte Rolle auf Grund einer Erkrankung wie MS verlieren zu müssen.

Das eingeübte oder antrainierte Rollengefüge aufgeben zu MÜSSEN, oder Abstriche machen zu müssen, kann ebenso drastische Folgen haben. In Bezug auf das Sexleben des so geprägten Mannes (wenn er sexuelle Störungen hat), wirkt sich das noch heftiger aus. Er empfindet es vielleicht als Schande, nicht mehr der Initiator sexueller Aktivitäten zu sein und nicht seinen Mann „stehen" zu können.

Nicht selten zerbrechen Partnerschaften gar nicht unbedingt auf Grund einer Erkrankung, sondern auf Grund solcher falscher oder zu hoher Erwartungen an sich selbst.

Und da wir gerade von kultureller Prägung sprechen: homosexuelle und lesbische MS'ler haben sogar ein doppeltes Problem, da sie leider mit einer kulturbedingten, sozusagen verdoppelten Problematik, konfrontiert werden.

Denn wie jede „Behinderung", gilt auch MS als Auslöser, Betroffene an den Rand der Gesellschaft oder in die Einsamkeit zu drängen.

Homosexuelle oder lesbische MS'ler haben mit den gleichen Problemen, wie oben beschrieben, zu kämpfen und müssen noch dazu gegen eine intolerante Gesellschaft/Kultur ankämpfen. Dies führt natürlich dann noch schneller in die Isolation und ist der MS auf keinen Fall dienlich.

Leider gibt es für das durch Rollenveränderungen verwandelte Selbstbild keine prompten Lösungen für das Problem des Verlustes der Intimität. Denn dieser ist in solchen Fällen ja durch ein starkes Rollenverständnis ausgelöst und wird zahlreiche Konflikte hervorbringen. Hier kommt es dann jeweils auf das eingeübte Rollenverhalten des Partners an und wie fest diese Strukturen sitzen. Im besten Fall kann man sich aufeinander zu bewegen.

Auch an diesen Beispielen sieht man wieder, welch großes und weites Spektrum das Thema Sexualität beinhaltet und welch ungeheure großen Auswirkungen dies hat.

Deshalb ist es auch hier wieder besonders wichtig und hilfreich, wenn die Partner ohnehin eine gute Gesprächskultur miteinander haben. Dann lässt es sich deutlich einfacher über sexuelle und heikle Themen reden.

Außerdem kann es gut tun, wenn man gemeinsam einen Ratgeber liest und/oder sich darüber austauscht. Das schafft eine etwas sachlichere Ebene.

VORBEREITUNG AUF EIN GESPRÄCH

Gedanken aufschreiben: alles, was einem einfällt, sollte man erst einmal unsortiert aufschreiben (Brainstorming).

Gefühle, Gedanken und Ideen auf Papier zu bringen, könnten dabei helfen, sich selbst über Einiges klar zu werden und den schwierigen Kommunikationsprozess mit dem Partner in Gang zu setzen.

Beispiele:

- Welche körperlichen Symptome behindern mich am meisten beim Sex?
- Welche Gefühle und Assoziationen habe ich, wenn ich an die MS und mein Intimleben denke?
- Was brauche ich, was nicht?
- Was geht noch, was nicht?
- Wo genau sind meine Ängste?
- Wie möchte ich mich ausdrücken?

Überlegungen:

- Den richtigen Zeitpunkt für ein Gespräch suchen. Es sollte in einem geschützten Rahmen stattfinden, Reizüberflutung ausschalten und die Grundstimmung sollte angenehm sein. Jeder kennt seinen Partner gut und kann die Optionen durchgehen. Direkt nach einem unbefriedigenden Erlebnis auch noch über ein so heikles Thema zu reden, könnte dazu führen, dass sich der Partner eher zurückzieht.

- Offen über seine Gefühle reden, aber nicht mit Kritik und Beschuldigungen beginnen, sondern mit den sogenannten ICH-Botschaften:

„Ich würde lieber etwas mehr schmusen, bevor wir Sex haben",
klingt besser, als „Du bist immer so schnell und scheinst nur an dein
eigenes Vergnügen zu denken".

- WERTFREIHEIT ist Pflicht.

- Niemals ein Gespräch beginnen, wenn man selbst nicht ruhig und
  möglichst gelassen ist.

- Sich vorher gut informieren, damit man auch „Rede und Antwort"
  stehen kann. Ein fundiertes Wissen kann bei einem Gespräch mit
  dem Partner oder Ärzten helfen, Dinge leichter in Worte zu fassen.

- Dem Partner unbedingt die Möglichkeit geben, auch in Ruhe antworten zu können

- Mit dem Neurologen unbedingt zeitnah, oder vorher sprechen. Viele
  sexuelle Probleme, die auf die MS zurückzuführen sind, können
  medikamentös behandelt werden

- Der Andere sollte wiederum darauf achten, nicht abwertend oder
  spottend zu kommentieren, noch dem Partner das Gefühl geben,
  dass er sich für seine Gedanken schuldig fühlen muss.

- Manchmal ist es vielleicht sogar leichter, Ihrem Partner zu zeigen,
  was Sie gerne hätten.

MYTHEN

> **Mythos 1: Mit MS darf man keine Anstrengung haben!**

Das wird leider immer noch vielen MS-Patienten gesagt und sie beziehen dies dann auch auf ihre sexuelle Aktivität. Aber wie schon beschrieben, ist das nicht bewiesen. Außerdem war ich schon immer der Meinung, dass das, was uns Spaß macht - auch wenn es uns anstrengt- nicht so schlimm sein kann.

Ich lebe komplett nach dieser Devise, wenn es meine Tagesform erlaubt.

Der Spaß, die Freude und das Genießen stehen gerade bei Sex im Vordergrund und das sollte sich KEIN MS´ler nehmen lassen.

> **Mythos 2: MS`ler und Behinderte können nicht sexuell attraktiv sein.**

Das wirft ja erst einmal die Frage auf, was sexuell attraktiv, oder auch „sexy" überhaupt ist. Denn es ist mit Sicherheit ein subjektives Empfinden und was ein Glück ist es das.

Ich glaube fest, dass es den geliebten Partner nicht stört, wenn man sich liebt und eine tiefe innige Beziehung hat, dass man eventuell Beeinträchtigungen hat.

Sexuelle Attraktivität hat erst einmal etwas mit der Ausstrahlung des Menschen zu tun, mit seiner Intelligenz und seinem Humor, ob er gepflegt ist und Vieles mehr.

Mit Sicherheit kann man vergessen, dass dieser geliebte Mensch äußerlich vielleicht nicht der „Norm" entspricht. Ebenso wird es keine so große Rolle spielen müssen, ob der Betroffene „anders" ist und Manches nicht mehr so kann oder schafft. Tiefe Liebe verbindet und da haben diese Dinge keine allzu große Wertigkeit. Wenn doch, ist die Liebe nicht so tief.

➢ **Mythos 3: MS`ler können nicht sexuell aktiv sein.**

Jeder Mensch hat ein Recht auf Sexualität und Intimität.

Auch Behinderte haben dieses Recht und auch sie haben Bedürfnisse, Wünsche und Erwartungen und auch das zurecht!

Egal ob hetero- oder homosexuell, Behinderte können genauso sexuell aktiv sein, wie Nicht-Behinderte.

➢ **Mythos 4: MS`ler im Rollstuhl können keine Erektion bekommen**

MS an sich kann eine Erektionsstörung hervorrufen oder begünstigen. Das ist aber völlig unabhängig davon, ob jemand im Rollstuhl sitzt, oder nicht!

Ein äußerlich unversehrter MS`ler kann ebenso Erektionsstörungen haben. Der Rollstuhl ist kein Anzeichen dafür.

➢ **Mythos 5: MS`ler mögen nicht an Stellen berührt werden, an denen sie wenig oder nichts spüren.**

Falls ein MS`ler Empfindungsstörungen oder Schmerzen hat, sollte er dies seinem Sexualpartner RECHTZEITIG mitteilen. Denn nur dann ist es möglich, dass eine Berührung an den entsprechenden Stellen tatsächlich vermieden werden kann. Während der sexuellen Aktivität Schmerzen aushalten zu müssen, ist für beide Partner nicht schön und vor allem nicht sinnvoll. Wenn der Partner die Stellen genannt bekommt, kann er sich darauf einstellen und man kann gemeinsam neue erogene Zonen erkunden. Ansonsten kann jeder MS`ler die gleiche Lust beim Streicheln empfinden wie jeder Gesunde auch.

Außerdem besteht immer die Möglichkeit, etwas Neues auszuprobieren. Deshalb sollte man seine Experimentierfreude niemals aufgeben; wer weiß, was man noch an sich entdeckt, oder entdecken lässt!

➢ **Mythos 6: Behinderte Menschen können nicht genießen.**

Wieso sollte ein MS`ler nicht Lust empfinden können und Zärtlichkeiten, Intimitäten und Sex genießen können?

Bis auf die oben erwähnten Ausnahmen - Schmerzen und Empfindungsstörungen - gibt es überhaupt keinen Grund, sich nicht diesbezüglich mit einem Gesunden vergleichen zu können.

Viele Beeinträchtigte empfinden Zärtlichkeiten sogar noch viel angenehmer und intensiver, da sie im Laufe des MS-Lebens gelernt haben, alles Schöne noch viel bewusster zu genießen. Und auch, jeden Moment, jeden besonderen Augenblick als einzigartig zu betrachten. Außerdem kann unser Körper auch auf tiefgründige Art und Weise sexuelle Lust empfinden. Denn Sexualität ist längst nicht nur das, was der Körper durch Berührungen spürt. Sexualität ist mehr und spielt sich ebenso auf der geistigen mentalen Ebene ab und vermittelt Geborgenheit, Liebe und Vertrauen.

➢ **Mythos 7: Behinderte Menschen können nur langweilig im Bett sein.**

Das ist mit Sicherheit ein großer Irrtum, denn jeder Mensch liebt körperlich und seelisch auf seine ganz individuelle Art und Weise und im besten Fall spielen sich die Sexualpartner aufeinander ein.

Das gilt für Gesunde genauso, wie für MS`ler.

Die wahre Liebe besteht, wie oben bemerkt, sowieso aus mehr als nur Berührungen - sie besteht aus mehr als nur reinem Sex.

Das Gesamtpaket macht das „Bett-Erlebnis" aus.

Selbst wenn ein MS`ler auf Grund körperlicher Einschränkungen nicht mehr gewisse Stellungen praktizieren kann, so kann er doch noch sehr viel geben und empfangen.

Auch hier ist Kreativität gefragt, aber auch das Aussprechen dieser Problematik. Die wiederum setzt natürlich Vertrauen und Offenheit voraus, aber ohne diese funktioniert guter Sex sowieso nicht. „Blümchensex" muss nicht die Folge von Beeinträchtigungen sein.

> **Mythos 8: MS-Frauen können oder sollten keine Kinder bekommen.**

Frauen mit MS können genauso schwanger werden, wie gesunde Frauen. Das liegt, wie bei jeder anderen Frau auch, an ihrem individuellen hormonellen Zustand.

Bei gynäkologischer „Gesundheit" können MS`lerinnen also genauso schnell schwanger werden, wie ihr ansonsten gesunden Freundinnen.

Wenn sie allerdings ein MS-Medikament nehmen, müssen sie dieses absetzen, bevor sie schwanger werden. Das ist der einzige Unterschied.

Bei vielen Medikamenten ist es noch nicht ausreichend erforscht, ob sie dem Fötus schaden würden. Es gibt aber noch ein erhebliches Problem: wenn diese Frauen ihr MS-Medikament absetzen, kommt es LEIDER bei manchen Frauen daraufhin zu einem oder mehreren Schüben.

Das heißt, sie müssen sich dann eventuell entscheiden, ob sie das Medikament der MS „zu Liebe" wieder nehmen und somit auf eine Schwangerschaft verzichten. Auf solche Fälle bin ich bei meinen Recherchen leider auch gestoßen. Das kann nicht jedes Paar gleich gut verkraften und das ist eine schreckliche Situation.

Andere Frauen können dagegen nach Absetzen ihres MS-Medikaments problemlos schwanger werden, ohne einen Schub zu bekommen. In der Regel sind Frauen auch während der Schwangerschaft vor Schüben geschützt, ebenso wie während der Stillzeit.

Dazu gibt es viele und unterschiedliche Statistiken – verlassen kann sich leider keine Frau darauf. Ich kenne sehr viele unterschiedliche Situationen von verschiedenen Frauen.

Schwangere mit MS haben auch kein erhöhtes Risiko, dass die Schwangerschaft schwieriger werden würde, als bei gesunden Frauen.

Ob MS`lerinnen ein Kind bekommen sollten, das muss jedes Paar für sich selbst entscheiden. Ich kenne noch keine Schwangere, bzw. Mutter, die es bereut hätte. Aber sicherlich muss man auch das individuell sehr genau überlegen. Denn man darf die Belastung durch Kinder nicht unterschätzen. Jedes Paar muss abwägen, ob der MS-Zustand der Frau es zulässt, sich um das Baby kümmern zu können.

Auch später, wenn das Kind heranwächst, ist man als Mutter rund um die Uhr beschäftigt. Das ist bei MS eine ganz sensible Sache. Ebenso, wenn der

Mann MS hat: es könnte sein, dass er öfters einmal beim Pflegen und Erziehen des Kindes MS bedingt ausfällt.

Ich persönlich finde es verantwortungsvoll, wenn man sich schon im Vorfeld darum kümmert und für Notfälle ein soziales Hilfs-Netzwerk aufbaut (Großeltern, Freunde, Nachbarn, Tagesmutter usw.).

➢ **Mythos 9: MS`ler können keinen Orgasmus bekommen.**

Orgasmen sind kein Privileg von Gesunden.

Auch weibliche und männliche MS`ler können definitiv Orgasmen bekommen.

Es gibt auch hier Ausnahmen und dann ist es wichtig, offen mit dem Arzt zu sprechen und sich gegebenenfalls Hilfe zu holen.

Aber es gibt auch unter völlig gesunden Frauen und Männern genügend Fälle, wo die Orgasmus-Fähigkeit eingeschränkt ist.

Es kann sein, dass einige Frauen andere Wege als den reinen Geschlechtsakt brauchen, um ihren Höhepunkt zu erreichen.

Hierbei ist wirklich jeder Mensch unterschiedlich und hat seine eigenen erogenen Zonen.

Weder die MS, noch ein Rollstuhl sind ein Indikator

für fehlende Orgasmen!

➢ **Mythos 10: MS`lern fehlt der Spaß am Sex und macht sie depressiv**

Statistisch gesehen haben MS`ler nicht weniger Spaß am Sex als Gesunde. Denn auch das ist von Mensch zu Mensch und von Paar zu Paar unterschiedlich und manchmal auch phasenweise verschieden.

Manchmal ist Sex mit einer Beeinträchtigung natürlich anstrengender und auch die Angst vor Impotenz ist groß.

Dies kann wiederum bedingen, dass man sich schon vorher stresst. Aber dieses Problem haben Gesunde teilweise auch. Sexualität ist ein verletzliches, hochsensibles Gebiet.

Aber wenn sich ein Paar das Gleiche wünscht, ähnliche Bedürfnisse und Erwartungen hat, steht einem spaßvollen und innigen Sex nichts entgegen.

➢ **Mythos 11: MS`ler haben zu wenig Sex.**

Dies stimmt nur dann, wenn ein Betroffener alleinstehend ist, keinen Sexualpartner hat, oder in einer nicht gesicherten, vertrauensvollen Beziehung lebt.

Das würde aber einem Gesunden erst einmal ähnlich gehen.

Der Unterschied ist dann allerdings, dass sich ein Gesunder ganz anderer und viel mannigfaltigerer Möglichkeiten bedienen kann, einen neuen Partner kennen zu lernen. Denn da er fit ist, Kraft und Energie hat und äußerlich nicht beeinträchtigt ist, kann er sich jederzeit im Getümmel von Partnersuchenden aufhalten. Er denkt vermutlich nicht einmal viel darüber nach, wenn er auf der Suche ist. Ist er einsam, aber gesund – dann hat er diesbezüglich das gleiche Problem, wie der einsame MS`ler.

Ein MS`ler, der in einer guten und festen Partnerschaft lebt, muss nicht zwangsläufig weniger Sex haben, als ein vergleichbar Gesunder. Das kommt dann wieder auf das Paar an sich an.

Falls er Beeinträchtigungen hat, die ihm nicht erlauben, häufigen Sex zu haben, kann es natürlich sein, dass er tatsächlich weniger Sex hat, als ein Nicht-Betroffener seines Alters.

Aber darüber nachzudenken, ist müßig – es hilft niemandem.

➤ Mythos 12: Männliche MS`ler sind nicht zeugungsfähig

Spermien von MS`lern sind nicht zwangsläufig weniger leistungsstark, als bei gleichaltrigen Gesunden.

Vater-Werden muss dementsprechend nicht ein Problem darstellen.

➤ Mythos 13: Behinderte sind beim Sex nicht gleichwertig

Meinen Recherchen zu Folge ist das ist eines der traurigsten Vorurteile, mit denen tatsächlich einige MS`ler zu kämpfen haben. Mir wurde erzählt, dass davor auch „eventuell zukünftige" Sexualpartner Angst haben.

Das heißt, ein eventuell zukünftiger Partner hätte dieses Vorurteil im Kopf und würde sich deswegen eventuell nicht auf eine Beziehung einlassen. Deshalb ist es wichtig, dieses Vorurteil aus dem Weg zu räumen. Sex bedeutet nicht, miteinander in einen „Bewegungs-Wettstreit" zu treten.

Sex bedeutet ein Miteinander-Schwingen, einen Gleich-Takt, Wertfreiheit und gemeinsames Tun.

Sobald sich solch ein Wettkampf entfachen würde, ist es meiner Meinung nach sowieso kein lockerer Sex mehr, da der Kopf viel zu sehr mitspielen müsste.

Mein Fazit aus allen Interviews ist, dass es in einer guten innigen und stimmigen Partnerschaft überhaupt keine Rolle spielt, wer der Akteur ist, wer sich mehr bewegt oder Sonstiges. In einer wirklich guten Intimität spielt das keine Rolle.

SCHLUSSWORT

Mir ist es noch einmal wichtig, zum Schluss auf die Gesprächsbereitschaft zurück zu kommen.

1. Bei bestehenden festen Beziehungen:

Wenn man spürt, dass sich Probleme im Sexualleben anbahnen, sollte man schnellstmöglich das Gespräch mit dem Partner suchen.

Dazu gehört auch Folgendes: wenn man das Gefühl hat, man selbst oder der Partner wäre sehr unzufrieden; wenn man Angst vor Sex hat; oder es einem durch MS bedingte Symptome peinlich ist, Sex zu haben.

Reden ist der einzig richtige Weg, die Beziehung in dieser Situation körperlich und emotional zu stärken.

2. Bei Singles, die eine Beziehung eingehen möchten:

Hier gilt prinzipiell das Gleiche, außer dass es sicher sehr ratsam ist, schon im Vorfeld, vor dem ersten sexuellen Kontakt, ganz deutlich die Probleme anzusprechen.

Jetzt ist immer noch Zeit für einen würdigen Rückzug, auch wenn dieser unendlich schmerzt. Viel schlimmer wäre ein Rückzug nach dem ersten Sex: denn dann würde das Selbstvertrauen noch mehr Schaden nehmen und unser vielleicht sowieso wackliges Selbstvertrauen noch mehr ins Wanken geraten.

Wie schon erwähnt, ist es beim Zulassen einer jeden neuen Beziehung sowieso immer die Frage, wann der richtige Zeitpunkt ist, dem Anderen mitzuteilen, dass man an einer unheilbaren und sehr unkalkulierbar verlaufenden Krankheit leidet (wenn man es nicht SIEHT – bei sichtbaren Symptomen erübrigt sich diese Frage, da man sicherlich gleich anders ins Gespräch kommt). Das muss ja nicht beim ersten Treffen im Eiscafé sein und auch weder leichtherzig noch nebenbei. Aber wenn man spürt, dass die Beziehung doch ernster wird, sollte man nicht zu lange damit zurückhalten.

Die Enttäuschung, wenn man sich schon richtig verliebt hat, ist viel größer, als noch zu Beginn, wo die Bindung noch nicht so tief ist.

Mir persönlich war es bei meinem 2. Mann zu Beginn unserer Beziehung wichtig, ihm möglichst früh mitzuteilen, dass ich MS habe (obwohl sie mich damals fast gar nicht beeinträchtigte).

Und ich möchte noch einmal erwähnen, dass es auch MS-Medikamente gibt, die die Sexualfunktion negativ beeinflussen.

Hierzu gehören vor allem Arzneimittel gegen Depressionen und Spastik. Man sollte sich in diesem Fall vom Arzt beraten lassen, welche Alternativen es gibt.

Ich habe immer wieder festgestellt, dass ein gutes Gespräch, egal über welches Thema, einer Beziehung immer gut tut.

Sich gegenseitig verstanden, angenommen und geliebt zu fühlen, Nähe zu spüren – das ist auch ohne Sex möglich. Sex bereichert natürlich eine Partnerschaft und ist auch wirklich wichtig.

Aber auch Gesunde haben gegebenenfalls ab einem bestimmten Alter sexuelle Störungen und auch damit müssen Paare klar kommen. Männer leiden im Alter oft an Erektionsstörungen und Frauen haben oft durch die Wechseljahre Probleme. Und auch hier kann man nicht immer medikamentös helfen, da im fortgeschrittenen Alter auch Nicht-MS'ler gesundheitliche Probleme haben und dafür Medikamente nehmen müssen, die sich mit z. B. Potenzmitteln nicht vertragen.

Auch andere chronische Krankheiten, wie zum Beispiel Diabetes, können sexuelle Probleme verursachen.

Es ist wichtig zu wissen, dass man nicht alleine ist mit dieser Problematik. Denn mal ganz ehrlich: welcher Mittfünfziger würde am Stammtisch mal so eben erzählen: „Ach übrigens, ich habe Erektionsprobleme!"? Niemand.

Dieses Thema wird tot geschwiegen.

Vielleicht reden Frauen einfacher untereinander über ihre Probleme, aber mit Rücksicht auf ihren Partner würden sie sicher auch nicht von seinen Erektionsproblemen berichten.

Daran sieht man, dass mit anderen gesundheitlichen Störungen, wie beispielsweise Gastritis oder Migräne, einfach anders und lockerer umgegangen wird. So, wie man über Kopfschmerzen spricht, sich gegenseitig Ratschläge und Tipps gibt: das würde beim Thema Sexualität nie passieren.

Somit hat man aber auch keinen Vergleich, fühlt sich alleine und unverstanden und deprimiert.

Bei meinen Recherchen habe ich viele offene Worte gehört und kann jedem Leser nur sagen: IHR seid nicht alleine!

Dies mag vielleicht nur ein schwacher Trost sein, aber wir MS`ler trösten uns ja auch in unseren Selbsthilfegruppen und MS-Foren gegenseitig, wenn wir von anderen MS`lern hören, dass es ihnen mit diesem und jenem Symptom ähnlich geht wie uns. Wir erfahren dann, dass bestimmte Symptome bei MS „normal" sind und dazu gehören. Dies nimmt uns dann ein klein wenig den Druck.

Aus genau diesem Grund habe ich mich für dieses Thema entschieden. Auf Grund meiner mittlerweile langjährigen Erfahrung mit vielen MS`lern, als Mitglied in vielen MS-Foren und Gruppen, bekomme ich viel Leid und auch Freude mit.

Viele Menschen haben sich mir anvertraut und somit stieß ich auf das sensible Thema Sexualität. Und Sexualität mit MS ist noch ein viel sensibleres Unterfangen.

Mit meiner Homepage und meiner Facebook-Seite möchte ich aufklären über diese schreckliche Krankheit, möchte Betroffenen helfen und Angehörige ermuntern, sich mit den Symptomen zu beschäftigen. Durch die große Rückmeldung zu meinem ersten Buch „Hallo MS" weiß ich, dass es einer Aufklärung bedarf und dass es Betroffenen auch wichtig ist, sich verstanden zu fühlen und sich wieder zu finden.

Das kenne ich auch von meiner DMSG-Selbsthilfegruppe in Mainz.

Aus diesen Gründen habe ich mich an das Thema Sexualität heran gewagt. Wie immer möchte ich niemandem zu nahe treten und auch für mich war es dieses Mal etwas Schwieriger, die richtigen Worte zu finden, zumal ich keine „Geschichten" zu diesem Thema habe und ich mich auf meine Recherchen und Interviews verlassen musste.

Ich wünsche allen Lesern von Herzen alles Liebe und Gute und den Mut zur Offenheit.

Zum Abschluss noch ein Text, der auch zur Sexualität passt, denn auch beeinträchtigte MS`ler können Spaß und Freude haben, am Sex,

am Leben und auch sie „malen" noch bunt  **.**

Auch zerbrochene Stifte malen noch bunt

Ein wunderschöner Spruch, der in seiner Aussage so viel Schönes und Motivierendes birgt. Ein Spruch, der Hoffnung und Zuversicht weckt.

Ein bunter Stift ist etwas Wundervolles. Kreativität, Zeichnen, sich die Welt bunt malen, Kinder und Leichtlebigkeit – das sind Eindrücke, die in mir hoch kommen, wenn ich eine Schachtel voller bunter Stifte sehe.

SORGLOSIGKEIT ist auch eines der Gefühle, die ich noch finde, wenn ich suche.

Sie ist uns in unserem MS-Leben, aber auch im Leben vieler Gesunder, oft genommen worden, oder zumindest reduziert worden.

Diese bunten Stifte lassen mich das Weggespitzte riechen und fühlen, die Kringel sehen, die dabei entstehen und aus denen wir uns als Kinder sogar manchmal noch etwas Kreatives gebaut haben.

Ein Haufen Buntstifte, die alle unterschiedlich sind. Die Lieblingsstifte haben wir besonders oft benutzt und dementsprechend sind sie schon weiter heruntergemalt, mehrfach gespitzt und ganz oft auch eher zerbrochen.

Andere Stifte dagegen liegen fast unberührt in ihrer vollen Pracht neben vielen Stummeln und neben abgekauten und abgegriffenen Stift-Nachbarn.

Übertragen auf unser Leben mit MS bedeutet dieser Spruch der zerbrochenen Stifte, dass wir auch ganz oft zerbrochen waren, oder sind.

Gebrochen sind wir leider manchmal auch.

Zerbrechlich allemal.

Aber selbst wenn wir zu zertrümmerten, abgenagten und viel benutzen Stift-Resten werden: wir malen noch bunt.

Weil wir leben.

Wir leben und können versuchen, das Beste aus dem zu machen, was uns aus einer Fülle von bunten Stiften geblieben ist: immer noch eine Fülle von BUNTEM, wenn auch nicht mehr in ihrer vollen Pracht. Aber, die Lieblingsstifte, die schon so abgenutzt sind, zeugen ja auch davon, dass sie uns etwas bedeutet und gegeben haben. Sie haben unser Leben verschönt und so möchte ich voller Zuversicht auf meine persönliche Packung bunter Stifte schauen. Ich möchte sie betrachten, Frieden schließen und mir zugestehen, dass manche Farben im Laufe der Zeit vielleicht etwas verblassen, dass manche Stifte kaum mehr benutzbar sind, dass manche Stifte nur noch mit Hilfsmitteln angewandt werden können, aber sie spiegeln uns nach wie vor unsere Farbenpracht, unser buntes, gemischtes und lebenswertes Leben vor.

Sie zeigen uns, dass auch kaputte, zerbrochene Stifte

ihren Glanz nicht verlieren.

Auch MS'ler sind auf Hilfsmittel und auch vielleicht auf andere Menschen angewiesen. Menschen, die uns wieder zum Erblühen bringen – Stift an Stift, Farbe an Farbe und ein Farbengemisch, Zerbrochenes und Stumpfes, Reste und Radiergummis – das alles haben wir IMMER mit unserer MS.

Wir müssen versuchen, aus dem, was uns die MS an restlichen BUNTEN Stiften gelassen hat, das Beste zu machen.

Geben wir nicht auf.

Malen wir mutig und farbenfroh und kraftvoll weiter.

Malen wir uns unser Leben bunt.

Auch mit Stiften, die nicht der „Norm entsprechen", sowie mit zerbrochenen und ausgelaugten Stiften – Hauptsache, sie malen BUNT!

Hallo MS, hallo Leben und hallo Vielschichtigkeit in allen, wirklich allen Lebensbereichen.

Gebt niemals auf!

Adressen / Links

❖ Adressen findet man in den „Gelben Seiten" unter der Rubrik „Psychotherapie".

Kontaktadressen vermitteln auch:

❖ Pro Familia-Beratungsstellen www.profamilia.de

❖ www.dmsg.de

❖ www.amsel.de

DANKSAGUNG

Ich danke den Lesern meines ersten Buches „Hallo MS", die mich mit ihren positiven Rückmeldungen motivierten, auch dieses heikle Thema aufzugreifen.

Auf Grund der liebevollen Feedbacks und sehr vielen persönlichen Worte und Schilderungen, konnte ich mir allein davon schon ein Bild machen und mich an das Thema Sexualität heran wagen.

In diesem Zusammenhang danke ich auch allen Besuchern meiner Homepage und meiner Facebook-Seite und Eure lieben und motivierenden Kommentare und Mails.

Ich danke meinem Ehemann Peter, der das Manuskript mehrfach Korrektur gelesen hat und wohl mein schärfster Kritiker war, aber mir damit geholfen hat, das Büchlein „rund" zu machen.

Ich danke einigen lieben Freunden, die mir für das Buch mit dem Erzählen ihrer intimen sexuellen Erlebnisse und mit vielen Einzelheiten zur Seite standen. Ohne Euch und Euer Vertrauen zu mir hätte das Buch nicht so detailliert werden können!

Und ich danke meiner lieben Mentorin „Jutta Schütz". Sie hatte die Idee zu diesem Buch. Sie ist eine ganz enorm selbstlose und geduldige Autoren-Freundin und auch Bestsellerautorin, deren Kreativität mich ansteckt und beflügelt. www.jutta-schuetz-autorin.de

Außerdem hat sie den hiesigen Buchsatz gemacht und ich weiß mittlerweile, wie viel Arbeit das ist!

DANKE!

Die Journalistin „Heike Führ"

Auszüge aus ihrer Pressemappe

BITTE lesen Sie den ganzen Text im Presseportal

http://www.news4press.com/News/archiv.asp?ID=26418

❖ **Heike Führ: Multiple Sklerose**

Ich „Heike Führ" bin aktives Mitglied einer Selbsthilfegruppe der DMSG und kann immer wieder nur betonen, wie gut mir die dadurch entstandenen Kontakte und unsere vielen (MS)-Gespräche tun! „Gemeinsamkeit macht stark".

http://www.news4press.com/Heike-Fuehr-Multiple-Sklerose_785712.html

❖ **MS muss kein Schicksal sein**

Von Akupunktur, Diätetik bis Qi Gong: Wie kann Traditionelle chinesische Medizin (TCM) Multiple Sklerose-Erkrankten helfen? Diese Frage beantwortet Dr. Ulrich März im Interview mit der Deutschen Multiple Sklerose Gesellschaft (DMSG).

http://www.news4press.com/MS-muss-kein-Schicksal-sein_785720.html

❖ **Willkommen auf meiner MS-Webseite**

Hallo und herzlich Willkommen auf meiner neuen Homepage und meinem MS-Blog! Ich möchte MS-Betroffenen und auch deren Angehörigen und Freunden hier eine Plattform zum Informieren geben und Einblicke rund um die Multiple-Sklerose ermöglichen, sowie zum aktiven Mitwirken animieren. Wobei ich deutlich machen möchte, dass dies keine medizinisch fachliche Seite, sondern ein Blog ist, der sich mit dem Erleben der Multiple-Sklerose mit allen Höhen und Tiefen befasst. http://multiple-arts.com/

http://www.news4press.com/Willkommen-auf-meiner-MS-Webseite_785728.html

❖ **Multiple Sklerose: HOFFNUNG und TRÄUME haben kein Limit**

Die chronische und unheilbare Krankheit Multiple Sklerose beeinträchtigt Betroffene mehr, als manch Außenstehender meinen mag. Oft sieht man den schwer Kranken ihre Erkrankung, ihre Geschichte und ihr Leid nicht an. MS`ler berichten, dass dies „Fluch und Segen" zugleich sei.

http://www.news4press.com/Multiple-Sklerose-HOFFNUNG-und-TRÄUME-h_797581.html

❖ **Fatigue - ein gefangener einzementierter Körper**

FATIGUE, eines der 1000 Gesichter der Krankheit Multiple Sklerose (MS) Fatigue wird als abnorme und extreme Erschöpfung beschrieben, die sich aber in ihrem wirklichen- und tatsächlichen Ausmaß nur wenig erklären oder gar beschreiben lässt.

http://www.news4press.com/Fatigue---ein--gefangener-einzementierte_797725.html

❖ **WELT-MS-Tag; ein besonderer Tag, auch für Autorin Heike Führ: sie ist LIVE im SWR**

Letztes Jahr drehte der SWR einen Beitrag / Portrait mit Heike Führ bei ihr zuhause und abends noch in der SHG. In diesem Jahr wurde Heike Führ in die Live-Sendung des SWR, die Landesschau, eingeladen.

Alle Beteiligten sind sich einig: „Es ist wichtig, der MS eine größere Lobby zu verschaffen!" Und wie könnte das besser passieren, als in den Medien auf diese bislang unheilbare Krankheit aufmerksam zu machen.

Am 27.05.2014 um 18.45 Uhr startet die Live-Sendung. Seien Sie gespannt.

http://www.news4press.com/WELT-MS-Tag-ein-besonderer-Tag-auch-fue_827521.html

❖ **Authentizität – nur ein Wort? Welches Ausmaß es aber nehmen kann, bedenkt man oft nicht!**

Es gibt auch Situationen, in denen man sich fragt, wo die eigene Authentizität bleibt?? Bleibt sie womöglich auf der Strecke???

Noch verzwickter wird es, wenn man sich fragt, ob sie jemals da war. Und: gibt es irgendetwas in seinem Leben, das einem die Authentizität nehmen KANN? Ja, z. B. eine schwere Krankheit, Trauer, Verlust. Das, was hinter diesen Wörtern steckt: das kann sie nehmen, die über Jahre hart erarbeitete Authentizität! Denn oft erkennt sich ein Betroffener nach dem Tag X nicht wieder. Er fragt sich, wo sein eigentliches ICH geblieben ist. Ist es inmitten einer Diagnose verschollen, oder mit einem Verlust hinweg geschwemmt?

http://www.news4press.com/Authentizitaet---nur-ein-Wort-Welches-Au_827818.html

❖ **MUSIK und chronische Erkrankung! Wie passt das zusammen?**

Es passt ganz einfach zusammen. Der Musiker Peter Mario Führ, alias KID BLUE, besticht durch sein musikalisches Können - seine Frau, Heike Führ, hat Multiple Sklerose (MS) und engagiert sich mit ihrer Homepage und ihrer Facebook-Seite für MS-Kranke und deren Angehörige. Vor wenigen Wochen ist ihr erstes Buch zum Thema MS erschienen: HALLO MS heißt es und ist nun schon in der 2. Auflage ausverkauft. KID BLUE hat 2007 einen wundervollen Hochzeitsantrags-Song für Heike Führ geschrieben, der nun als wundervolle Hintergrundmusik zu einem Video über sie dient.

http://www.news4press.com/MUSIK-und-chronische-Erkrankung-Wie-pas_826439.html

ISBN: 978-3-945015-07-0

HALLO MS – ein MUT-Mach-Buch
Autorin: Heike Führ
Herstellung und Verlag: Rosengarten-Verlag
Umschlagdesign: Dieter Hollender

Die Autorin Heike Führ, die als Bloggerin und Betreiberin einer Homepage und lebendig laufenden Facebook-Seite schon routinierte Schreiberin ist, hat nun im Rosengarten-Verlag ein äußerst authentisches und selbstreflektiertes humorvolles MS-Buch herausgebracht.

Wie sie ihren Alltag mit einer solch tückischen und bis lang noch unheilbaren Krankheit meistert, beschreibt sie vor allem mit viel Humor und reflektiert in einer gelungenen Mischung aus Problematisierung und Relativierung. Nie werden die Herausforderungen der Krankheit geleugnet und doch triumphiert immer ihr optimistischer Kampfgeist und zeigt eindrucksvoll und selbstkritisch ihren eigenen Weg der Lebensfreude. Die Autorin weigert sich zu resignieren und erzählt ihre kleinen Alltagsfreuden, gespickt mit den Unwegbarkeiten, die durch ihre MS-Symptome unweigerlich dabei sind.

Weitere Bücher der Autorin siehe ihre Webseite!

DMSG

DEUTSCHE MULTIPLE SKLEROSE GESELLSCHAFT
BUNDESVERBAND E.V.

Jugend und MS | Pflegedienste | Klir

Ihre Spende hilft! »
Forschen | Informieren | Aktiv leben

27.06.2014   Drucken | Seite empfehlen

▓ LEBEN MIT MS

Hallo MS: Einblicke in ein Leben mit Multiple Sklerose

MS: Zwei Buchstaben, die eine vermeintlich geordnete Welt von heute auf morgen auf den Kopf stellen: So beschreibt Autorin Heike Führ in ihrem Buch "Hallo MS" das tägliche Wechselbad der Gefühle nach der Diagnose Multiple Sklerose.

©HEIKE FÜHR UND INGRID FEY

Schreiben und Malen sind die Passionen von Heike Führ

Heike Führ aus Mainz ist Mutter von zwei erwachsenen Kindern, glücklich verheiratet und arbeitete lange Zeit mit viel Engagement als Erzieherin. Im Alter von 32 Jahren erhielt sie die Diagnose Multiple Sklerose. 13 Jahre lang ließ sie die Krankheit scheinbar in Ruhe. Doch das ständige schleichende Voranschreiten der MS führte Anfang 2014 zur vollen Erwerbminderungsrente. "Es geht nicht mehr": Eine harte Erkenntnis für die lebenslustige Frau, mit 50 Jahren ihren geliebten Beruf nicht mehr ausüben zu können. Resignieren ist für die lebenslustige Autorin jedoch keine Option. Sie schaut nach vorne und will mit ihrer Geschichte nicht nur MS-Erkrankten Einblick gewähren in ihr Leben mit MS.

Die MS schläft nie - Heike Führ tritt der Krankheit aktiv entgegen

Bitte lesen Sie das ganze Interview hier:
http://www.dmsg.de/multiple-sklerose-news/index.php?
w3pid=news&kategorie=aktuellesms&anr=5070

ISBN: 978-3-9450-1509-4

Low Carb Spezial: Theorie und Praxis für Anfänger geeignet
Autorin: Jutta Schütz
Herstellung und Verlag: Rosengarten-Verlag

Buchbeschreibung: Am Anfang einer jeden Ernährungsumstellung ist es nicht einfach zu wissen, was man essen darf und wie eine Umstellung auf eine "Low Carb Ernährung" überhaupt umzusetzen ist. Sie sollte gut durchdacht sein, um wirklich zum Ziel zu kommen und dem Lifestyle, den Gewohnheiten und individuellen Präferenzen zu entsprechen. Fragen über Fragen, deren Antworten man im Internet schwer in kompakter Form finden kann.

Lesen Sie in diesem Buch alles, was Sie über die Low Carb Ernährung wissen müssen. Im Anschluss der Theorie hat die Bestsellerautorin "Jutta Schütz" 200 abwechslungsreiche Low Carb Rezepte zusammengestellt. Egal, ob Fisch, Fleisch, Salat, Frühstücksideen, Brot, Kuchen oder Vegetarisches in der Low Carb Variante - hier werden Sie fündig.

http://www.jutta-schuetz-autorin.de/

Große Buchreihe "SCHEHERAZADE"
Rezepte aus 1001 Nacht

Ein Autorenkreis widmet sich der orientalischen Kochkunst.
Eine fortlaufende Kochbuchserie mit dem Haupttitel „Scheherazade" - ein Hauch von 1001 Nacht - ist angelaufen. Viele verschiedene Autoren beteiligen sich nacheinander an diesem Großprojekt, die auf einer Idee von der bekannten Autorin Jutta Schütz basiert. In der Einleitung erzählt die Autorin Schütz (in jedem Buch zu finden) kurz die Geschichte von Scheherazade. Sie basiert auf einer alten persischen Märchensammlung mit dem Namen Hezâr Afsâna, Tausend Mythen.
Anschließend kommen die Rezepte des Autors.

Jutta Schütz - ISBN: 978-3-735737519
http://www.jutta-schuetz-autorin.de/

Heike Führ - ISBN-978-3-735757340
http://multiple-arts.com/

Weitere Titel „in dieser Reihe demnächst bei BoD - Verlag: Books on Demand GmbH, Norderstedt

Beschreibung: siehe Webseite: http://www.jutta-schuetz-autorin.de/